中国式现代化

人民日报理论部

主编

人民东方出版传媒
People's Oriental Publishing & Media

图书在版编目（CIP）数据

中国式现代化 / 人民日报理论部主编 .
-- 北京 ： 东方出版社 , 2021.9
ISBN 978-7-5207-2306-0
Ⅰ . ①中… Ⅱ . ①人… Ⅲ . ①现代化建设－研究－中国 Ⅳ . ① D61
中国版本图书馆 CIP 数据核字 (2021) 第 143594 号

中国式现代化

ZHONGGUOSHI XIANDAIHUA

主　　编：人民日报理论部
策　　划：姚　恋
责任编辑：朱兆瑞　李志刚
出　　版：東方出版社
发　　行：人民东方出版传媒有限公司
地　　址：北京市东城区朝阳门内大街 166 号
邮　　编：100010
印　　刷：北京联兴盛业印刷股份有限公司
版　　次：2021 年 9 月第 1 版
印　　次：2024 年 1 月第 7 次印刷
开　　本：640 毫米 × 950 毫米 1/16
印　　张：22.75
字　　数：290 千字
书　　号：ISBN 978-7-5207-2306-0
定　　价：72.00 元
发行电话：（010）85924663　85924644　85924641

代序

以中国式现代化全面推进中华民族伟大复兴的科学指南

中国式现代化是中国共产党和中国人民长期实践探索的成果，是对世界现代化理论和实践的重大创新。习近平总书记在党的二十大报告中对中国式现代化进行深刻阐述，在新进中央委员会的委员、候补委员和省部级主要领导干部学习贯彻习近平新时代中国特色社会主义思想和党的二十大精神研讨班开班式上又深刻阐述了中国式现代化的一系列重大理论和实践问题。习近平总书记关于中国式现代化的重要论述，进一步深化了我们党对建设什么样的社会主义现代化强国、怎样建设社会主义现代化强国的认识，为新时代新征程全面建成社会主义现代化强国、以中国式现代化全面推进中华民族伟大复兴提供了科学指南。

推进和拓展中国式现代化呼唤科学理论指引

把我国建设成为社会主义现代化国家，是中国共产党念兹在兹的历史宏愿、始终不渝的奋斗目标。中国共产党成立100多年来，团结带领中国人民所进行的一切奋斗，就是为了把我国建设成为现代化强国，实现中华民族伟大复兴。一代代中国共产党人为此进行了艰辛探索与不懈奋斗。党的十八大以来，以习近平同志为核心的党中央团结带领全党全国各族人民自信自强、守正创新，采取一系列战略性举措，推进一系列变革性实践，实现一系列突破性进展，取得一系列标志性成果，成功推进和拓展了中国式现代化，推动党和国家事业取得历史性成就、发生历史性变革。实践证明，中国式现代化走得通、行得稳，是强国建设、民族复兴的唯一正确道路。

伟大事业离不开科学理论指引。党和人民推进和拓展中国式现代化的历史进程越向前，对党的创新理论科学指引的需求就越强烈。新时代十年，习近平总书记坚持运用马克思主义立场观点方法，立足新时代新征程党的使命任务，统筹把握中华民族伟大复兴战略全局和世界百年未有之大变局，科学总结我们党关于社会主义现代化建设的宝贵经验，积极汲取其他国家现代化建设的经验教训，借鉴吸收人类优秀文明成果，深刻回答建设什么样的社会主义现代化强国、怎样建设社会主义现代化强国的重大时代课题，就中国式现代化作出一系列重要论述。在党的二十大报告中，习近平总书记全面系统阐述了中国式现代化的领导力量、中国特色、本质要求、重大原则以及全面建成社会主义现代化强国的战略安排和目标任务。在新进中央委员会的委员、候补委员和省部级主要领导干部学习贯彻习近平新时代中国特色社会主义思想和党的二十大精神研讨班开班式上，习近平总书记又深刻阐述了中国式现代化的一系列重大理论和实践问题，极大丰富和发展了中国式现代化理论。习近平总书记关于中国式现代化的重要论述，使中国式现代化更加清晰、更加科学、更加可感可行，为推进和拓展中国式现代化提供了科学理论指引。

深刻领会习近平总书记关于中国式现代化的重要论述

习近平总书记关于中国式现代化的重要论述，为全党前瞻性思考、全局性谋划、整体性推进中国式现代化提供了根本遵循，我们要深入学习领会、认真贯彻落实。

关于中国式现代化的领导力量。习近平总书记指出："中国式现代化，是中国共产党领导的社会主义现代化"[①]"党的领导直接关系中国式现代化的根本方向、前途命运、最终成败"[②]。党的领导决定中国式现代化的根本性质，确保中国式现代化锚定奋斗目标行稳致远，激发建设中国式现代化的强劲动力，凝聚建设中国式现代化的磅礴力量。推进中国式现代化，必须坚持和加强党的全面领导，充分发挥党总揽全局、协调各方的领导核心作用。

关于中国式现代化的中国特色。习近平总书记指出，中国式现代化"既有各国现代化的共同特征，更有基于自己国情的中国特色"[③]。中国式现代化是人口规模巨大的现代化，我国14亿多人口整体迈入现代化社会，其规模超过现有发达国家人口的总和，艰巨性和复杂性前所未有；是全体人民共同富裕的现代化，要坚持把实现人民对美好生活的向往作为现代化建设的出发点和落脚点；是物质文明和精神文明相协调的现代化，促进物的全面丰富和人的全面发展；是人与自然和谐共生的现代化，要坚定不移走生产发展、生活富裕、生态良好的文明发展道路；是走和平发展道路的现代化，要在坚定维护世界和平与发展中谋求自身发展，又以自身发展更好维护世界和平与发展。这五个方面的中国特色，深刻揭示了中国式现代化的科学内涵。

---

① 习近平：《高举中国特色社会主义伟大旗帜 为全面建设社会主义现代化国家而团结奋斗——在中国共产党第二十次全国代表大会上的报告》，人民出版社2022年版，第22页。

②《习近平在学习贯彻党二十大精神研讨班开班式上发表重要讲话强调 正确理解和大力推进中国式现代化》，《人民日报》2023年2月8日。

③《习近平谈治国理政》第四卷，外文出版社2022年版，第123页。

关于中国式现代化的本质要求。习近平总书记指出："中国式现代化的本质要求是：坚持中国共产党领导，坚持中国特色社会主义，实现高质量发展，发展全过程人民民主，丰富人民精神世界，实现全体人民共同富裕，促进人与自然和谐共生，推动构建人类命运共同体，创造人类文明新形态。"① 中国式现代化蕴含的独特世界观、价值观、历史观、文明观、民主观、生态观等及其伟大实践，是对世界现代化理论和实践的重大创新。我们要深刻领会、系统把握中国式现代化的本质要求，增强自觉性和坚定性，切实将其落实到推进中国式现代化的各项工作之中。

关于中国式现代化的重大原则。一是坚持和加强党的全面领导。只有把握这一重大原则，才能确保我国社会主义现代化建设正确方向，确保拥有团结奋斗的强大政治凝聚力、发展自信心。二是坚持中国特色社会主义道路。只有把握这一重大原则，才能既不走封闭僵化的老路，也不走改旗易帜的邪路。三是坚持以人民为中心的发展思想。只有把握这一重大原则，才能让现代化建设成果更多更公平惠及全体人民。四是坚持深化改革开放。只有把握这一重大原则，才能不断增强社会主义现代化建设的动力和活力。五是坚持发扬斗争精神。只有把握这一重大原则，才能全力战胜前进道路上各种困难和挑战，依靠顽强斗争打开事业发展新天地。

关于全面建成社会主义现代化强国的战略安排和目标任务。习近平总书记在党的二十大报告中对全面建成社会主义现代化强国两步走战略安排进行宏观展望，围绕基本实现社会主义现代化从八个方面进一步明确了到2035年我国发展的目标任务，并提出了到本世纪中叶我国发展的目标。这一系列战略安排和目标任务，明确了全面建成社会主义现代化强国的时间表、路线图，既体现了我们党在社会主义现代化建设战略目标上的一贯性、整体性，又符合实践发展的连续性、阶段性和时代性，令人鼓舞、催人奋进。

①《中国共产党第二十次全国代表大会文件汇编》，人民出版社2022年版，第20页。

关于推进中国式现代化需要处理好的若干重大关系。习近平总书记强调:“推进中国式现代化是一个系统工程，需要统筹兼顾、系统谋划、整体推进，正确处理好顶层设计与实践探索、战略与策略、守正与创新、效率与公平、活力与秩序、自立自强与对外开放等一系列重大关系。”[①] 推进中国式现代化，全面建设社会主义现代化国家，是一项伟大而艰巨的事业，前途光明，任重道远。我们必须不断提高战略思维、历史思维、辩证思维、系统思维、创新思维、法治思维、底线思维能力，正确处理好一系列重大关系。

为全面建设社会主义现代化国家开好局起好步

新时代新征程，中国式现代化实践已经全方位、全领域、深层次、高质量地在中华大地上展开。我们必须踔厉奋发、勇毅前行，真抓实干、埋头苦干，为全面建设社会主义现代化国家开好局起好步。

坚持和加强党中央集中统一领导。党中央集中统一领导是党的领导的最高原则。要健全总揽全局、协调各方的党的领导制度体系，完善党中央重大决策部署落实机制，坚定不移把党中央集中统一领导贯彻落实到中国式现代化的全过程各方面。全党要深刻领悟“两个确立”的决定性意义，坚决做到“两个维护”，不断提高政治判断力、政治领悟力、政治执行力，坚定不移在思想上政治上行动上同以习近平同志为核心的党中央保持高度一致，切实用习近平新时代中国特色社会主义思想武装头脑、指导实践、推动工作。

坚决把党的二十大作出的重大决策部署付诸行动、见之于成效。我们要全面学习、全面把握、全面落实党的二十大精神，加快构建新发展格局，着力

①《习近平在学习贯彻党二十大精神研讨班开班式上发表重要讲话强调 正确理解和大力推进中国式现代化》,《人民日报》2023 年 2 月 8 日。

推动高质量发展；实施科教兴国战略，强化现代化建设人才支撑；发展全过程人民民主，保障人民当家作主；坚持全面依法治国，推进法治中国建设；推进文化自信自强，铸就社会主义文化新辉煌；增进民生福祉，提高人民生活品质；推动绿色发展，促进人与自然和谐共生；推进国家安全体系和能力现代化，坚决维护国家安全和社会稳定；实现建军一百年奋斗目标，开创国防和军队现代化新局面；坚持和完善“一国两制”，推进祖国统一；促进世界和平与发展，推动构建人类命运共同体；坚定不移全面从严治党，深入推进新时代党的建设新的伟大工程。

建设堪当民族复兴重任的高素质干部队伍。全面建设社会主义现代化国家，必须有一支政治过硬、适应新时代要求、具备领导现代化建设能力的干部队伍。要坚持党管干部原则，坚持德才兼备、以德为先、五湖四海、任人唯贤，把新时代好干部标准落到实处。树立选人用人正确导向，选拔忠诚干净担当的高素质专业化干部，选优配强各级领导班子。坚持把政治标准摆在首位，做深做实干部政治素质考察，突出把好政治关、廉洁关。加强思想淬炼、政治历练、实践锻炼、专业训练，注重在重大斗争中磨砺干部。加强干部斗争精神和斗争本领养成，着力增强防风险、迎挑战、抗打压能力，激励干部敢于担当、积极作为。

坚持团结奋斗，汇聚全面建设社会主义现代化国家的磅礴伟力。党和人民取得的一切成就都是团结奋斗的结果。推进中国式现代化这一人类社会的伟大创举，比以往任何时候都更加需要团结奋斗，更加需要充分发挥亿万人民的创造伟力。只要我们更加紧密地团结在以习近平同志为核心的党中央周围，全面贯彻习近平新时代中国特色社会主义思想，在党的旗帜下团结成“一块坚硬的钢铁”，就一定能够不断夺取全面建设社会主义现代化国家新胜利。

中央党校（国家行政学院）习近平新时代中国特色社会主义思想研究中心

执笔：张忠军

目 录

壹 绪论 001

中国共产党与中国式现代化 003

中国式现代化的基本性质和鲜明特征 011

开启全面建设社会主义现代化国家新征程 025

不断推进和拓展中国式现代化 039

全面建设社会主义现代化国家必须牢牢把握的重大原则 048

全面建成社会主义现代化强国的战略安排和目标任务 062

深入理解和把握中国现代化的本质要求 073

中国式现代化在理论和实践上的创新突破 082

中国式现代化及其规律性和多样性 091

中国的现代化，如何两步并作一步走 114

深入研究中国式现代化与法治建设的关系 127

为中国式现代化提供坚强安全保障 135

中国成功走出了一条人类历史上现代化新路 143

中国式现代化道路的特质与世界意义 156

贰 人口规模巨大的现代化 165

人类历史上前所未有的壮举 167

坚持以人民为中心，不断增进人民福祉 175

更加重视人的全面发展 180

从“全面建成小康社会”到“中国式现代化” 184

叁 全体人民共同富裕的现代化 195

全面建设社会主义现代化国家的物质基础更坚实 197

坚定不移走共同富裕道路 205

深刻把握促进共同富裕的基本精神和实践要求 214

中国式现代化新道路重在以人民为中心 222

让发展成果更多更公平惠及全体人民 229

小康社会思想是对中国式现代化道路的新设计 234

夯实中国式现代化的农业农村基础 244

运用教育文化科技手段，
接续推进脱贫地区发展和群众生活改善 252

肆 物质文明和精神文明
相协调的现代化 257

推动“两个文明”协调发展 259

协调发展，相互促进，
走“两个文明”都搞好的现代化之路 266

不断夯实中国式现代化的文化根基 271

中国式现代化的鲜明特征 276

伍 **人与自然和谐共生的现代化** 281

推动经济社会发展全面绿色转型 283

站在人与自然和谐共生的高度谋划发展 291

处理好生产生活和生态环境保护的关系，把保护城市生态环境摆在更加突出位置 298

不断提升生态总价值 302

建设人与自然和谐共生的现代化 306

陆 **走和平发展道路的现代化** 313

中国式现代化是走和平发展道路的现代化 315

发展自身造福世界的现代化之路 324

中国式现代化开启人类文明新形态 332

顺应和平、发展、合作、共赢的时代潮流，坚定不移走和平发展道路 339

与世界共同繁荣发展 343

后 记 347

壹

绪论

党的十八大以来，我们党在已有基础上继续前进，不断实现理论和实践上的创新突破，成功推进和拓展了中国式现代化。我们在认识上不断深化，创立了新时代中国特色社会主义思想，实现了马克思主义中国化时代化新的飞跃，为中国式现代化提供了根本遵循。我们进一步深化对中国式现代化的内涵和本质的认识，概括形成中国式现代化的中国特色、本质要求和重大原则，初步构建中国式现代化的理论体系，使中国式现代化更加清晰、更加科学、更加可感可行。我们在战略上不断完善，深入实施科教兴国战略、人才强国战略、乡村振兴战略等一系列重大战略，为中国式现代化提供坚实战略支撑。我们在实践上不断丰富，推进一系列变革性实践、实现一系列突破性进展、取得一系列标志性成果，推动党和国家事业取得历史性成就、发生历史性变革，特别是消除了绝对贫困问题，全面建成小康社会，为中国式现代化提供了更为完善的制度保证、更为坚实的物质基础、更为主动的精神力量。

概括提出并深入阐述中国式现代化理论，是党的二十大的一个重大理论创新，是科学社会主义的最新重大成果。中国式现代化是我们党领导全国各族人民在长期探索和实践中历经千辛万苦、付出巨大代价取得的重大成果，我们必须倍加珍惜、始终坚持、不断拓展和深化。

——习近平在学习贯彻党的二十大精神研讨班开班式上的讲话

中国共产党
与中国式现代化 *

* 作者秦宣，中国人民大学马克思主义学院教授。

1921年中国共产党的成立，是开天辟地的大事变。中国共产党成立100年来，团结带领中国人民经过艰辛探索、接续奋斗，推动我国社会主义现代化建设取得举世瞩目的成就。今天，我们党带领中国人民踏上了全面建设社会主义现代化国家新征程。

中国共产党于民族危难之际
开启中国现代化征程

中国是一个历史悠久、文化灿烂的文明古国，在历史上曾长期走在世界前列，勤劳、勇敢、智慧的中国人民为人类文明进步作出了卓越贡献。近代以后，由于种种原因，中国陷入积贫积弱、内忧外患的境地，中华民族面临亡国灭种的危机，也使中国人民清醒地认识到中国的落后状况，从而开始寻求变革、谋求自强，探索现代化道路。

在那个西方列强侵略、战乱不止、社会动荡、人民流离失所的年代，为了挽救民族危亡、实现民族振兴，中国人民和无数仁人志士进行了千辛万苦的探索和可歌可泣的斗争。辛亥革命之前，太平天国运动、洋务运动、戊戌变法、义和团运动、清末新政等都未能取得成功。辛亥革命虽然结束了统治中国几千年的君主专制制度，但也未能改变中国半殖民地半封建社会的性质和中国人民的悲惨命运。辛亥革命之后，中国尝试过君主立宪制、议会制、多党制、总统制等各种形式，各种政治势力及其代表人物纷纷登场，但都没能找到正确答案，中国人民依然生活在苦难和屈辱之中。

事实证明，不触动旧的社会根基的自强运动，各种名目的改良主义，旧式农民战争，资产阶级革命派领导的民主主义革命，照搬西方政治制度模式的各种方案，都不能完成中华民族救亡图存和反帝反封建的历史任务，都不能让中国的政局和社会稳定下来，也都谈不上为中国实现国家富强、人民幸福提供制度保障。

在中国积贫积弱、内忧外患时期，各种主义和思潮都进行过尝试，资本主义道路没有走通，其他各种“主义”也都没能解决中国的前途命运问题，更谈不上为中国现代化提供科学理论指导。十月革命一声炮响，为中国送来了马克思列宁主义，为中华民族复兴和中国实现现代化指明了方向。

中国共产党就是在中华民族面临生死存亡的关键时刻走上历史舞台的。自成立之日起，中国共产党就坚持以马克思主义科学理论为指导，以实现共产主义为最高理想和最终目标，以为中国人民谋幸福、为中华民族谋复兴为初心和使命，为“索我理想之中华”而矢志不渝，带领中国人民为实现民族独立、人民解放和国家富强、人民幸福而前赴后继、流血牺牲，终于推翻了帝国主义、封建主义、官僚资本主义三座大山，建立了人民当家作主的新中国，从根本上改变了中国人民和中华民族的前途命运，不可逆转地结束了近代以后中国内忧外患、积贫积弱的悲惨命运，开启了中国现代化的伟大征程。

中国式现代化
形成于中国共产党人持续探索过程中

不同国家由于历史文化、基本国情、历史使命不同，选择的现代化道路也会有所不同。新中国成立后，中国共产党带领中国人民持续探索中国式现代化道路，取得了举世瞩目的伟大成就，创造了经济快速发展奇迹和社会长期稳定奇迹，并拓展了发展中国家走向现代化的途径。

新中国成立之前，在党的七届二中全会上，毛泽东同志就向全党提出“使中国稳步地由农业国转变为工业国，把中国建设成一个伟大的社会主义国家”的历史任务。新中国成立后，我们党对社会主义现代化建设进行了艰辛探索。毛泽东同志提出，我们的任务“就是要安下心来，使我们可以建设我们国家现代化的工业、现代化的农业、现代化的科学文化和现代化的国防”[①]。

党的十一届三中全会以后，我国社会主义现代化建设进入一个新的历史时期。邓小平同志强调，能否实现现代化，“决定着我们国家的命运、民族的命运”[②]“我们搞的现代化，是中国式的现代化。我们建设的社会主义，是有中国特色的社会主义”[③]。在

① 《毛泽东文集》第八卷，人民出版社 1999 年版，第 162 页。
② 《邓小平文选》第二卷，人民出版社 1994 年版，第 162 页。
③ 《邓小平年谱（1975—1997）》下卷，中央文献出版社 2004 年版，第 914 页。

中国共产党的领导下，我们成功走出了中国式现代化道路。这条现代化道路立足中国又面向世界，坚持以马克思主义为指导，坚持以中国共产党为最高政治领导力量，坚持走中国特色社会主义道路，坚持以人民为中心，努力建设富强民主文明和谐美丽的社会主义现代化强国、实现中华民族伟大复兴，努力实现全体人民共同富裕、促进人的全面发展，努力促进世界和平与发展，具有鲜明的时代特征和中国特色。这条现代化道路既符合中国实际、体现中国特色社会主义建设规律，又紧跟时代潮流、体现世界现代化规律和人类社会发展规律。

中国的现代化进程并非一帆风顺，但在中国共产党的坚强领导下，在几代中国人的共同努力下，中国从“落后于时代”到“赶上时代”，再到“引领时代”，中国式现代化道路越走越宽广。中国从积贫积弱迈向繁荣富强，成为世界第二大经济体，经济实力、科技实力、综合国力大幅跃升；中国人民生活从温饱不足迈向全面小康，幸福指数不断提高；中国从传统农业大国发展为工业大国，工业化程度越来越高，成为制造业第一大国；中国从封闭半封闭走向全方位开放，深度参与经济全球化，对人类文明的贡献越来越大；中国日益走近世界舞台的中央，国际影响力显著提升。

中国人民在中国共产党的领导下，用几十年时间走完了发达国家几百年走过的工业化历程，创造了举世瞩目的发展奇迹。中国式现代化的成功实践表明，西方现代化道路并非人类通向现代化的唯一道路，中国式现代化道路拓展了发展中国家走向现代化的途径，给世界上那些既希望加快发展又希望保持自身独立性的国家和民族提供了全新选择。

全面建设社会主义现代化国家
必须坚持和加强党的全面领导

党的十九大对实现第二个百年奋斗目标作出分两个阶段推进的战略安排，即到 2035 年基本实现社会主义现代化，到本世纪中叶把我国建成富强民主文明和谐美丽的社会主义现代化强国。党的十九届五中全会立足新发展阶段的实际，更加具体地提出到 2035 年基本实现社会主义现代化的远景目标。全面建设社会主义现代化国家，必须坚持和加强党的全面领导。

中国要实现的现代化，是人口规模巨大的现代化，是全体人民共同富裕的现代化，是物质文明和精神文明相协调的现代化，是人与自然和谐共生的现代化，是走和平发展道路的现代化。实现这样的现代化是全体中华儿女的共同愿望，也是中国共产党人的理想和追求、责任和担当。实现这样的现代化，必须有“主心骨”，有坚强的领导核心。在当代中国，这个核心只能是作为最高政治领导力量的中国共产党。习近平总书记强调：“历史已经并将继续证明，没有中国共产党的领导，民族复兴必然是空想。”[①] 因此，全面建设社会主义现代化国家，必须坚持和加强党的全面领导，增强“四个意识”、坚定“四个自信”、做到“两个维护”。

坚持和加强党的全面领导，必须全面推进党的建设新的伟大工程。当前和今后一个时期，我国发展仍然处于重要战略机遇期，但机遇和挑战都有新的发展变化，我国面临的国内外环境正在发生广泛而深刻的变化。虽然我国有独特的政治优势、制度优势、发展优势和机遇优势，全面建设社会主义现代化国家具备诸多有利条件，但发展不平衡不充分问题仍然突出，推进现代化建设所要完成的历史任务仍然十分艰巨，改革发展稳定中所面临的矛盾、困难和风险仍然十分复杂，这对党的执政能力和领导水平都提出了新的要求。当前，党的建设还面临一系列新情况新问题新挑战，落实党要管党、全面从严治党的任务比以往任何时候都更为繁重、更为紧迫。要确保党在世界形势深刻变化的历史进程中始终走在时代前列，在应对国内外各种风险和考验的历史进程中始终成为全国人民的主心骨，在坚持和发展中国特色社会主义的历史进程中始终成为坚强领导核心，必须以自我革命精神加强党的建设，不断增强党自我净化、自我完善、自我革新、自我提高能力。

---

① 习近平：《决胜全面建成小康社会　夺取新时代中国特色社会主义伟大胜利——在中国共产党第十九次全国代表大会上的报告》，人民出版社 2017 年版，第 16 页。

在庆祝中国共产党成立100周年之际，我们需要胸怀中华民族伟大复兴战略全局和世界百年未有之大变局，认真总结中国共产党领导中国式现代化的宝贵经验，将其上升到理论高度，不断丰富马克思主义现代化理论宝库；坚定不移推进现代化建设，以中国式现代化推进中华民族伟大复兴，不断为人类作出新的更大的贡献，充分彰显中国式现代化的特色和优势。站在“两个一百年”奋斗目标历史交汇的关键节点，我们要不断提高政治判断力、政治领悟力、政治执行力，不断提高把握新发展阶段、贯彻新发展理念、构建新发展格局的政治能力、战略眼光、专业水平，确保到2035年基本实现社会主义现代化、到本世纪中叶把我国建成富强民主文明和谐美丽的社会主义现代化强国。

中国式现代化的基本性质和鲜明特征*

* 作者辛向阳，中国社科院马克思主义研究院党委书记、研究员。

在庆祝中国共产党成立100周年大会上的讲话中，习近平总书记指出:“我们坚持和发展中国特色社会主义，推动物质文明、政治文明、精神文明、社会文明、生态文明协调发展，创造了中国式现代化新道路，创造了人类文明新形态。”中国式现代化的基本内涵就是习近平总书记阐明的5个方面的现代化。习近平总书记2021年1月11日在省部级主要领导干部学习贯彻党的十九届五中全会精神专题研讨班上的讲话中明确阐明了这些现代化的要求:“我们的任务是全面建设社会主义现代化国家，当然我们建设的现代化必须是具有中国特色、符合中国实际的，我在党的十九届五中全会上特别强调了5点，就是我国现代化是人口规模巨大的现代化，是全体人民共同富裕的现代化，是物质文明和精神文明相协调的现代化，是人与自然和谐共生的现代化，是走和平发展道路的现代化。”可以说，中国式现代化是具有社会主义性质、中国气派、世界情怀的原创性现代化。

中国式现代化是社会主义性质的现代化

中国式现代化是建立在社会主义基础之上的现代化，社会主义决定了中国式现代化的性质与方向。2035年和2049年的目标都是强调现代化的社会主义性质。到2035年基本实现社会主义现代化:到那时，我国经济实力、科技实力将大幅跃升，跻身创新型国家前列；人民平等参与、平等发展权利得到充分保障，法治国家、法治政府、法治社会基本建成，各方面制度更加完善，国家治理体系和治理能力现代化基本实现；社会文明程度达到新的高度，国家文化软实力显著增强，中华文化影响更加广泛深入；人民生活更为宽裕，中等收入群体比例明显提高，城乡区域发展差距和居民生活水平差距显著缩小，基本公共服务均等化基本实现，全体人民共同富裕迈出坚实步伐；现代社会治理格局基本形成，社会充满活力又和谐有序；生态环境根本好转，美丽中国目标基本实现。这些目标处处体现着社会主义本质的要求。到 2049 年建成富强民主文明和谐美丽的社会主义现代化强国：我国物质文明、政治文明、精神文明、社会文明、生态文明将全面提升，实现国家治理体系和治理能力现代化，成为综合国力和国际影响力领先的国家，全体人民共同富裕基本实现，中华民族将以更加昂扬的姿态屹立于世界民族之林。无论是 2035 年的基本实现现代化，还是 2049 年的现代化强国，社会主义性质的界定都是最根本性的，这些现代化的内容都是生发于社会主义的要求。

社会主义现代化要求我们必须走和平发展道路，实现和平发展基础上的现代化。社会主义从本质上讲，是坚持和平、和睦、和谐的，社会主义能够从制度上确保实现“三和”，社会主义现代化就要把和平、和睦、和谐这一中华民族优秀基因发扬光大。我们决不走殖民扩张道路来为自己的现代化铺路架桥，为自己的现代化提供那种野蛮的原始积累，这是西方发达国家实现现代化的最主要方式，这就是马克思讲的“在现实历史的编年史中，征服、奴役、劫掠，总之，暴力统治占优势。但是在恬静的政治经济学教科书中，从来就是田园诗占统治地位。按照这些教科书的说法，除了当前这一年以外，劳动和权利从来就是唯一的致富手段。事实上，原始积累的方法绝不是田园式的东西”①，而是一种残酷的剥夺，而且是用不可磨灭的血与火的文字载入人类编年史的。同时，走和平发展道路还要求，我们必须坚决捍卫国家主权安全和独立、领土完整，反对霸权主义和强权政治，推动历史车轮向着光明的目标前进，确保我们实现的现代化不是丧失了国家主权独立基础上的依附性现代化。因为“二战”之后，一批实现了现代化的国家丧失了国家主权独立性、完整性、自主性。中国要实现的现代化既不走殖民扩张的老路，也不走依附性现代化国家的弯路。我们走和平发展道路能够走得通，一方面是因为我们不断推进国防和军队现代化，人民军队在建设世界一流军队的过程中，不断会成为维护地区和世界和平的强大力量；另一方面我们高举和平、发展、合作、共赢旗帜，奉行独立自主的和平外交政策，弘扬和平、发展、公平、正义、民主、自由的全人类共同价值，推动建设新型国际关系，推动构建人类命运共同体，推动共建“一带一路”高质量发展，以中

① 《马克思恩格斯全集》第四十三卷，人民出版社 2016 年版，第 768—769 页。

国的新发展为世界提供新机遇，赢得世界各国广泛支持。

中国式现代化还要求我们必须走共同富裕道路，到 2035 年共同富裕取得明显的实质性进展，到 2049 年全体人民共同富裕基本实现。资本主义依靠两极分化的分配制度推动了其现代化的实现，社会主义国家的现代化绝不能走两极分化的道路，也不能走平均主义的道路，必须走共同富裕的道路。当然，实现共同富裕，要统筹考虑需要和可能，按照经济社会发展规律循序渐进：其一，我们在满足人民群众日益增长的新需求中推动共同富裕。人民群众需要的内涵和领域不断扩大，从基本物质文化需要向多样化需要扩展。既有更高的物质文化需求，又有民主、法治、公平、正义、安全、环境等需求；既有原有需求的提高，又有新需求的出现。我们在满足人民群众日益增长的更高质量的需求中推动共同富裕。人民群众的需要日益增长，这种增长不仅是需要内容的扩展，而且是需要质量的提升。所以，习近平总书记一再强调，过去解决“有没有”，现在解决“好不好”。“好不好”体现在要实现“更好的教育、更稳定的工作、更满意的收入、更可靠的社会保障、更高水平的医疗卫生服务、更舒适的居住条件、更优美的环境、更丰富的精神文化生活”①，也体现在幼有所育、学有所教、劳有所得、病有所医、老有所养、住有所居、弱有所扶等方面不断取

①《习近平谈治国理政》第二卷，外文出版社 2017 年版，第 61 页。

得新进展。其二，不断完善社会主义基本经济制度，发挥社会主义生产关系以及分配方式的作用。毫不动摇巩固和发展公有制经济，毫不动摇鼓励、支持、引导非公有制经济发展，通过两个"毫不动摇"来推动共同富裕的实现。坚持多劳多得，提高劳动报酬在初次分配中的比重，健全劳动、资本、土地、知识、技术、管理、数据等生产要素由市场评价贡献、按贡献决定报酬的机制，健全以税收、社会保障、转移支付等为主要手段的再分配调节机制，重视发挥第三次分配作用，发展慈善等社会公益事业。通过初次分配、再分配调节、第三次分配的联动作用，为实现共同富裕奠定分配制度的基础。

中国式现代化是创造人间奇迹的现代化

习近平总书记庆祝中国共产党成立100周年大会上的讲话中指出："一百年来，中国共产党团结带领中国人民，以'为有牺牲多壮志，敢教日月换新天'的大无畏气概，书写了中华民族几千年历史上最恢宏的史诗。"中国式现代化是这一史诗的继续，今后的史诗会更加恢宏，更加激荡人心。

中国式现代化是在消灭了几千年封建剥削压迫制度的基础上进行的。一个国家的现代化必须是从消灭封建制度开始的。新中国成立后，到1952年年底，全国广大新解放区的土地改革基本完成。全国有3亿多无地少地的农民（包括老解放区农民在内）无偿地获得了约7亿亩土地和大量生产资料，免除了过去每年要向地主缴纳约3000万吨粮食的苛重地租，使农业生产力得到极大解放。土地改革的完成，消灭了地主阶级封建剥削的土地所有制，从根本上铲除了中国封建制度的根基，为实现现代化提供了重要的社会基础。很多国家的发展依然会被前资本主义的生产关系所缠绕、所遮蔽、所阻碍，只有消除了封建压迫制度，才能真正踏上现代化的进程。

中国式现代化是在实现了中国从几千年封建专制政治向人民民主的伟大飞跃的基础上进行的。没有民主，就没有社会主义，更没有社会主义现代化。发展人民民主，是实现中国式现代化的政治前提。中国式现代化是亿万人民群众在当家做主人的基础上进行的现代化。正是因为新中国建立了人民民主制度，才开启了中国式现代化的历史进程。现代化不仅是工业化、城市化，还是政治民主化。发展社会主义民主，是实现社会主义现代化的内在要求，同时也是推动经济、社会等方面现代化的重要力量。新时代，全过程人民民主的发展为中国式现代化的推进提供了强大动力。全过程人民民主将民主选举、民主决策、民主管理、民主监督彼此贯通起来，在政治生活中实实在在解决人民群众关心的事，从而调动人民群众的首创精神，使人民群众能够自觉地投入到现代化建设的伟大事业中。

中国式现代化是在实现了中华民族有史以来最为广泛而深

刻的社会变革的基础上进行的。这一变革就是消灭了所有的剥削压迫制度，不仅是消灭了封建剥削压迫制度，也包括消灭了资产阶级的压迫制度。中国成为一个没有剥削也没有压迫的人民民主专政的社会主义国家。现行的我国宪法明确指出："生产资料私有制的社会主义改造已经完成，人剥削人的制度已经消灭，社会主义制度已经确立。""在我国，剥削阶级作为阶级已经消灭。"[①] 新中国建立后，我们还在中国大地上消灭了宗法制度。在封建社会中，宗族主要以家族方式体现，家族长盛不衰的依据有祠堂、家谱、族权。家族制度长盛不衰的最主要标志是族权，族权对中国历史影响巨大，成为套在中国人民脖子上的重要枷锁。马克思说："就像皇帝通常被尊为全国的君父一样，皇帝的每一个官吏也都在他所管辖的地区内被看作是这种父权的代表。"[②] 宗法制度的废除使中国建立了一个人人平等的社会，这为推进中国式现代化确立了重要的社会基础。

中国式现代化是具有世界意义的现代化

说它具有世界意义是因为，中国式现代化既拥有人类现代化的共同特征，又走在人类文明发展的大道上。中国式现代化遵循

---

① 《中华人民共和国宪法》，人民出版社 2018 年版，第 3、5 页。
② 《马克思恩格斯全集》第九卷，人民出版社 1961 年版，第 110 页。

了人类现代化的普遍规律。任何一个国家要实现现代化，必须实现工业化和城市化。西方国家是这样的进程，中国同样如此。城镇化是伴随工业化发展，非农产业在城镇集聚、农村人口向城镇集中的自然历史过程，是人类社会发展的客观趋势，是国家现代化的重要标志。2014 年中共中央国务院印发的《国家新型城镇化规划（2014 — 2020 年）》就明确指出："工业革命以来的经济社会发展史表明，一国要成功实现现代化，在工业化发展的同时，必须注重城镇化发展。当今中国，城镇化与工业化、信息化和农业现代化同步发展，是现代化建设的核心内容，彼此相辅相成。"[①] 当然，中国的城镇化与工业化、信息化和农业现代化是叠加发展的，不仅遵循了现代化的一般规律，而且是节约资源、保护环境、效率较高的现代化。同时，中国式现代化始终走在人类文明发展的大道上，尊重人类不同文明的特性，是在融合不同文明优势进程中的现代化。习近平总书记指出："多样性是世界的基本特征，也是人类文明的魅力所在。""要弘扬和平、发展、公平、正义、民主、自由的全人类共同价值，倡导不同文明交流互鉴，促进人类文明发展。"[②] "我访问过世界上许多地方，最喜欢做的一件事情

---

① 中共中央文献研究室编，《十八大以来重要文献选编》上册，人民出版社 2014 年版，第 880 页。

② 习近平：《同舟共济克时艰，命运与共创未来：在博鳌亚洲论坛 2021 年年会开幕式上的视频主旨演讲》，人民出版社 2021 年版，第 5、6 页。

就是了解五大洲的不同文明，了解这些文明与其他文明的不同之处、独到之处，了解在这些文明中生活的人们的世界观、人生观、价值观。”[①] 中国式现代化就是在推进文明之间的交流互鉴中发展的，不是把别的文明视作低人一等的文明，更不是想毁坏其他的文明。

说它具有世界意义是因为，中国式现代化是人口规模巨大的现代化。人口规模巨大的现代化，是说我们这样一个拥有 14 亿多人口的国家要走向现代化。14 亿多人口意味着什么？占世界人口的 1/5，相当于 10 个俄罗斯的人口（2018 年，1.44 亿人），是欧盟人口的 2.8 倍（2020 年，5.13 亿人），是美国人口的 4.3 倍（2018 年，3.27 亿人）。从人口规模来看，中国的现代化绝对是世界级的现代化。可以说，中国是在解决一个又一个世界难题中走向现代化的。这种现代化的意义在于它可以为很多发展中国家提供全新的选择，从中国式现代化的发展中汲取力量。

说它具有世界意义是因为，中国式现代化要实现一个世界性的国家梦也就是中国梦。人类 2000 多年来，一共出现过至少四个世界性的“国家梦”：第一个世界性的“国家梦”就是罗马梦，就是条条道路通罗马的时代；第二个世界性的“国家梦”就是中国的长安梦，梦回大唐的时代；第三个世界性的“国家梦”就是

---

① 《习近平谈治国理政》第一卷，外文出版社 2018 年版，第 259 页。

伦敦梦，工业资本主义英国吸引世界的眼光；第四个世界性的“国家梦”就是所谓的美国梦，美国前政要布热津斯基曾经说美国梦就是把理想主义与物质主义完美地结合在了一起的梦想。当然，布热津斯基说的这种美国梦并不存在。中国式现代化要实现一个为人类和平与发展作出更大贡献的国家梦，这是实实在在的。习近平总书记指出：“中国梦意味着中国人民和中华民族的价值体认和价值追求，意味着全面建成小康社会、实现中华民族伟大复兴，意味着每一个人都能在为中国梦的奋斗中实现自己的梦想，意味着中华民族团结奋斗的最大公约数，意味着中华民族为人类和平与发展作出更大贡献的真诚意愿。”[①] 我们要通过推动构建人类命运共同体，以及倡导人类共同价值等途径实现这样的梦想。

中国式现代化是自主原创性的现代化

自主原创性体现在我们党对于现代化道路的探索始终坚持独立自主、走自己的路。习近平总书记指出：“走自己的路，是党的全部理论和实践立足点，更是党百年奋斗得出的历史结论。”[②] 新中国成立后，我们一直探索自己的现代化道路。1954 年，周恩来

① 《习近平谈治国理政》第一卷，外文出版社 2018 年版，第 161 页。

② 习近平：《在庆祝中国共产党成立 100 周年大会上的讲话》，人民出版社 2021 年版，第 13 页。

同志根据毛泽东同志在第一届全国人民代表大会第一次会议开幕词中的思想，在政府工作报告中首次提出包括现代化的工业、现代化的农业、现代化的交通运输业和现代化的国防在内的四个现代化目标。10年后，1964年第三届全国人民代表大会第一次会议正式和完整地提出我国实现"四个现代化"的任务，指出要在不太长的历史时期内，把我国建设成为一个具有现代农业、现代工业、现代国防和现代科学技术的社会主义强国。1975年，周恩来同志在第四届全国人民代表大会第一次会议上又重申了分两步走、全面实现四个现代化的战略安排。改革开放之初，邓小平同志就明确指出："我们党在现阶段的政治路线，概括地说，就是一心一意地搞四个现代化。"[①] 党的十二大提出"把我国建设成为高度文明、高度民主的社会主义国家"，党的十三大提出"把我国建设成为富强、民主、文明的社会主义现代化国家"，党的十七大提出"建设富强民主文明和谐的社会主义现代化国家"的任务，党的十八大提出"建设富强民主文明和谐美丽的社会主义现代化国家"的任务，党的十九大提出"建设富强民主文明和谐美丽的社会主义现代化强国"的任务。这些原创性探索极大地丰富了人类对于现代化的认识。

习近平总书记曾经深刻指出："当代中国的伟大社会变革，不

---

① 《邓小平文选》第二卷，人民出版社1994年版，第276页。

是简单延续我国历史文化的母版，不是简单套用马克思主义经典作家设想的模板，不是其他国家社会主义实践的再版，也不是国外现代化发展的翻版。”① 西方国家殖民性质的现代化，是我们不屑于的一种现代化道路，我们不可能去仿效；一些新兴国家依附性的现代化，丧失了国家政治经济主权的现代化，是我们极力避免的现代化。中国不翻版任何国家的现代化，世界上也不可能存在让我们去直接翻版或者模仿的样板。中国式现代化注定是一种原始创新的现代化，体现在：是立足于 5000 年文明历史基础上的现代化，要把一个拥有悠久历史文化传统、文明传承从未中断过的国家变成一个现代化的国家，这就是独一无二的，有何版可翻？是在世界上人口最多国家、是中华民族历史上人口最多时期实现现代化的，这么多的人口，有无数各种各样的利益需求，有无数层出不穷的社会阶层、社会群体及其利益分化，怎样使所有的人都进入现代化的轨道，这就是独一无二的，有何版可翻？是在新型工业化、新型城镇化、农业现代化、信息化、国防和军队现代化、国家治理体系和治理能力现代化等所有领域现代化叠加进行的现代化，新型工业化不仅涉及全球最大规模的工业体系，而且关乎全球众多国家的产业链条；城镇化不仅涉及全世界最多的农业人口的转移，而且其所有的权利都会逐步得到有效保障；农业

① 《习近平谈治国理政》第三卷，外文出版社 2020 年版，第 76 页。

现代化不仅涉及数亿农业人口进入现代化行列，涉及乡村振兴，而且涉及粮食安全问题等，这是独一无二的，有何版可翻？

走向现代化是每一个国家和民族的梦想，这个梦想深藏在中华民族近代以来的历史进程中，蕴藏在我们的奋斗、牺牲和创造中。中华民族对现代化的渴求是如此强烈，我们的步伐是如此坚定，没有任何力量可以阻挡。

开启全面建设
社会主义现代化国家新征程 *

* 作者任理轩。

历史的画卷总是在前后相继中铺展，时代的华章总是在接续奋斗中书写。为了建成社会主义现代化强国，实现中华民族伟大复兴，我们党在不懈探索实践中确立了“两个一百年”奋斗目标，明确了新时代中国特色社会主义发展的战略安排。党的十九届五中全会通过的《中共中央关于制定国民经济和社会发展第十四个五年规划和二〇三五年远景目标的建议》（以下简称《规划建议》）和第十三届全国人民代表大会第四次会议通过的《中华人民共和国国民经济和社会发展第十四个五年规划和 2035 年远景目标纲要》（以下简称《规划纲要》）一致指出：“‘十四五’时期是我国全面建成小康社会、实现第一个百年奋斗目标之后，乘势而上开启全面建设社会主义现代化国家新征程、向第二个百年奋斗目标进军的第一个五年。”这是一个什么样的新征程，怎样开启新征程？奋进新时代、开启新征程，必须正确认识和把握这一重大课题。

深刻认识开启新征程的战略意义

在全面建成小康社会基础上全面建设社会主义现代化国家，顺利实现“两个一百年”奋斗目标有机衔接，是我国发展中十分紧要的一步。由此时代背景出发，才能深刻认识开启新征程的战略意义。

这是接续推进新时代“两步走”战略安排的新征程。科学把握我国现代化建设长期性与发展阶段性的辩证关系，把短期、中期、长期发展目标衔接协调统一起来，始终做到分阶段、有步骤地推进，这是我们党推进社会主义现代化建设的一条成功经验。习近平总书记在中国共产党第十九次全国代表大会的报告中指出："从全面建成小康社会到基本实现现代化，再到全面建成社会主义现代化强国，是新时代中国特色社会主义发展的战略安排。"这一战略安排分两步推进，即到 2035 年基本实现社会主义现代化，到本世纪中叶把我国建成富强民主文明和谐美丽的社会主义现代化强国。这是环环相扣、依次递进的两个发展阶段，能否如期完成前一阶段的目标任务，直接关系社会主义现代化强国建设的质量和成效。从全面建成小康社会到 2035 年基本实现社会主义现代化，需要 15 年时间、制定和实施 3 个五年规划。《规划建议》《规划纲要》将"十四五"规划与 2035 年远景目标统筹考虑，提出了"十四五"时期经济社会发展主要目标，这充分体现了以习近平同志为核心的党中央谋划未来的远见卓识和继往开来的历史担当。"十四五"规划是全面建设社会主义现代化国家的启航规划，"十四五"时期是乘势而上开启全面建设社会主义现代化国家新征程、向第二个百年奋斗目标进军的第一个五年，具有承前启后、继往开来的战略意义，必须开好局、起好步。

这是开启中华民族伟大复兴历史进程大跨越的新征程。我国正处于实现中华民族伟大复兴关键时期，当今世界正经历百年未有之大变局。二者同步交织、相互激荡，构成我们全面建设社会主义现代化国家的历史坐标和时代背景。2019 年 5 月 21 日，习近平在推动中部地区崛起工作座谈会上强调："领导干部要胸怀两个大局，一个是中华民族伟大复兴的战略全局，一个是世界百年未有之大变局，这是我们谋划工作的基本出发点。"[1] 这为我们开启新征程确立了科学世界观和方法论。今天，我们比历史上任何时期都更接近、更有信心和能力实现中华民族伟大复兴的目标，但中华民族伟大复兴绝不是轻轻松松、敲锣打鼓就能实现的，必须进行具有许多新的历史特点的伟大斗争。世界百年未有之大变局并非一时一事、一域一国之变，而是世界之变、时代之变、历史之变。其中，正面因素与负面因素并存，机遇与挑战同在，具有诸多不确定性。我国进入新发展阶段，将在这个阶段实现中华民族伟大复兴历史进程的大跨越。我们要胸怀两个大局，临危不乱、危中寻机，开拓进取、开辟新局，既利用世界百年未有之大变局的正面因素推进中华民族伟大复兴，又通过推进中华民族伟大复兴推动世界百年未有之大变局正向发展，努力创造两个大局良性联动的局面，为成功实现这一伟大跨越奠定坚实基础。

这是坚持和发展新时代中国特色社会主义的新征程。习近平总书记在中国共产党第十九次全国代表大会的报告中指出："坚

---

① 《习近平谈治国理政》第三卷，外文出版社 2020 年版，第 77 页。

持和发展中国特色社会主义，总任务是实现社会主义现代化和中华民族伟大复兴。”在中国特色社会主义道路上，中华民族迎来了从站起来、富起来到强起来的伟大飞跃。党的十八大以来，在全面建成小康社会进程中，以习近平同志为核心的党中央从理论和实践结合上系统回答了新时代坚持和发展什么样的中国特色社会主义、怎样坚持和发展中国特色社会主义这一重大时代课题，形成了习近平新时代中国特色社会主义思想，推动中国特色社会主义进入新时代，使中国特色社会主义道路越走越宽广。经过“十三五”时期的发展，全面建成小康社会胜利在望，中华民族伟大复兴向前迈出了新的一大步。在此基础上，我们将奋进“十四五”，全面建设社会主义现代化国家。《规划建议》《规划纲要》将“全面建设社会主义现代化国家”确定为“四个全面”战略布局的重要组成部分，进一步明确了坚持和发展新时代中国特色社会主义的战略目标与战略举措。坚持统筹推进“五位一体”总体布局、协调推进“四个全面”战略布局，新时代中国特色社会主义必将焕发更为强大的生机活力。

准确把握开启新征程的目标要求

新征程需要确立新航标，制定新的任务书、路线图。《规划纲要》以习近平新时代中国特色社会主义思想为指导，全面贯彻

《规划建议》精神，集中了全国各族人民的智慧，提出 2035 年我国将基本实现社会主义现代化的远景目标，制定“十四五”时期经济社会发展主要目标，即经济发展取得新成效、改革开放迈出新步伐、社会文明程度得到新提高、生态文明建设实现新进步、民生福祉达到新水平、国家治理效能得到新提升，是今后 5 年乃至更长时期我国经济社会发展的宏伟蓝图，也是准确把握开启全面建设社会主义现代化国家新征程目标要求的基本依据。

准确把握和持续推进中国式现代化。习近平总书记指出：“治理一个国家，推动一个国家实现现代化，并不只有西方制度模式这一条道，各国完全可以走出自己的道路来。”[①] 我们所推进的现代化既有各国现代化的共同特征，更有基于国情的中国特色，是中国式现代化。习近平总书记强调，我们建设的现代化必须是具有中国特色、符合中国实际的，并特别强调了 5 点。这是我国现代化建设必须坚持的方向，要在我国发展的方针政策、战略战术、政策举措、工作部署中得到体现，推动全党全国各族人民共同为之努力。我国现代化是人口规模巨大的现代化。中国这个世界上最大发展中国家实现现代化，意味着比现在所有发达国家人口总和还要多的中国人民将过上现代化生活，将彻底改写现代化的世

① 中共中央文献研究室编：《习近平关于社会主义政治建设论述摘编》，中央文献出版社 2017 年版，第 7 页。

界版图。我国现代化是全体人民共同富裕的现代化。《规划纲要》将“满足人民日益增长的美好生活需要”作为“十四五”时期经济社会发展的根本目的，将“人的全面发展、全体人民共同富裕取得更为明显的实质性进展”列入2035年基本实现社会主义现代化的远景目标，进一步明确了共同富裕这一社会主义的本质要求。我国现代化是物质文明和精神文明相协调的现代化。“十四五”时期经济社会发展主要目标和2035年基本实现社会主义现代化的远景目标，体现了统筹推进“五位一体”总体布局、协调推进“四个全面”战略布局的顶层设计，彰显了“两个文明”协调发展的科学理念。我国现代化是人与自然和谐共生的现代化。《规划纲要》提出“十四五”时期生态文明建设实现新进步、2035年美丽中国建设目标基本实现，明确了人与自然和谐共生的近期目标和远景目标。我国现代化是走和平发展道路的现代化。《规划纲要》专篇部署“实行高水平对外开放，开拓合作共赢新局面”，彰显了我国坚定不移走和平发展道路的大国担当。准确把握中国式现代化特征，切实贯彻《规划纲要》一系列顶层设计和部署安排，就能准确把握开启全面建设社会主义现代化国家新征程的方向和路径。

准确把握和有效应对新征程上的机遇与挑战。习近平总书记指出：“当前和今后一个时期，虽然我国发展仍然处于重要战略机遇期，但机遇和挑战都有新的发展变化，机遇和挑战之大都前所未有，总体上机遇大于挑战。”①《规划纲要》深刻分析我国发展的国际国内环境，强调当今世界正经历百年未有之大变局，和平与发展仍然是时代主题，人类命运共同体理念深入人心，同时国际环境日趋复杂，不稳定性不确定性明显增加，世界进入动荡变革期；我国继续发展具有多方面优势和条件，同时我国发展不平衡不充分问题仍然突出，重点领域关键环节改革任务仍然艰巨。机遇与挑战的新发展变化，进一步增加了把握和应对的难度。过去我国发展顺势而上，机遇比较好把握；现在要顶风而上，把握机遇的难度就不一样了。过去国际大环境相对平稳，风险挑战比较容易看清楚；现在世界形势动荡复杂，暗礁和潜流增多，对应变能力提出了更高要求。过去我们发展水平低，同别人的互补性多一些；现在发展水平提高了，同别人的竞争性多起来了。面对危和机并存、危中有机、危可转机的新态势新环境，必须按照《规划纲要》的要求，深刻认识我国社会主要矛盾变化带来的新特征新要求，深刻认识错综复杂的国际环境带来的新矛盾新挑战，准确识变、科学应变、主动求变，善于在危机中育先机、于变局中开新局。

准确把握和不断夯实开启新征程的条件与基础。习近平总书记强调："经过新中国成立以来特别是改革开放40多年的不懈奋

① 《习近平重要讲话单行本》（2020年合订本），人民出版社2021年版，第132页。

斗，我们已经拥有开启新征程、实现新的更高目标的雄厚物质基础。”[1]党的十八大以来，在以习近平同志为核心的党中央坚强领导下，全面深化改革取得重大突破，全面依法治国取得重大进展，全面从严治党取得重大成果，国家治理体系和治理能力现代化加快推进，中国共产党领导和我国社会主义制度优势进一步彰显，经济实力、科技实力、综合国力和人民生活水平跃上新的大台阶，全面建成小康社会取得伟大历史性成就。目前，我国已进入新发展阶段，拥有显著的制度优势、雄厚的物质基础、丰富的人力资源、完整的产业体系、强大的科技实力、广阔的市场空间、强劲的发展韧性，具备在危机中育先机、于变局中开新局，开启全面建设社会主义现代化国家新征程的有利条件和坚实基础。深入领会和把握“十四五”时期经济社会发展的指导方针和主要目标，全面贯彻和落实关于立足新发展阶段、贯彻新发展理念、构建新发展格局、推动高质量发展的一系列重大决策部署，不断夯实和用好开启新征程的条件与基础，进一步发挥我国独特的政治优势、制度优势、发展优势和机遇优势，就能在新征程上奋力谱写经济快速发展和社会长期稳定“两大奇迹”新篇章。

① 《深入学习坚决贯彻党的十九届五中全会精神　确保全面建设社会主义现代化国家开好局》，《人民日报》2021年1月12日。

万众一心、乘势而上开启新征程

社会主义是干出来的，新时代是奋斗出来的。习近平总书记指出："建成社会主义现代化强国，实现中华民族伟大复兴，是一场接力跑，我们要一棒接着一棒跑下去，每一代人都要为下一代人跑出一个好成绩。"[①] 经过"十三五"时期攻坚克难，全面建成小康社会胜利在望，第一个百年奋斗目标即将如期实现。我们要坚持实事求是、稳中求进、协同推进，加强前瞻性思考、全局性谋划、战略性布局、整体性推进，坚定信心、乘势而上，万众一心、攻坚克难，开启全面建设社会主义现代化国家新征程，为全面建成社会主义现代化强国、实现中华民族伟大复兴作出我们这一代人的应有贡献。

坚持和加强党的全面领导。习近平总书记强调："要加强党对社会主义现代化建设的全面领导。"[②] 中国特色社会主义最本质的特征是中国共产党领导，中国特色社会主义制度的最大优势是中国共产党领导。能不能驾驭好世界第二大经济体，能不能保持经济社会持续健康发展，从根本上讲取决于党在经济社会发展中的领导核心作用发挥得好不好。党的十八大以来，面对错综复杂的

① 《在庆祝改革开放40周年大会上的讲话》，人民出版社2018年版，第43—44页。
② 《深入学习坚决贯彻党的十九届五中全会精神 确保全面建设社会主义现代化国家开好局》，《人民日报》2021年1月12日。

国际形势、艰巨繁重的国内改革发展稳定任务，以习近平同志为核心的党中央团结带领全党全国各族人民砥砺前行、开拓创新，奋发有为推进党和国家各项事业，中国共产党领导和我国社会主义制度的优势进一步彰显。开启全面建设社会主义现代化国家新征程，实现“十四五”规划和2035年远景目标，必须坚持党的全面领导，坚持习近平新时代中国特色社会主义思想的科学指引，坚持和完善党领导经济社会发展的体制机制，坚持和完善中国特色社会主义制度，不断提高把握新发展阶段、贯彻新发展理念、构建新发展格局、推动高质量发展的能力和水平，把党中央集中统一领导落实到统筹推进“五位一体”总体布局、协调推进“四个全面”战略布局各方面，统筹国内国际两个大局，办好发展和安全两件大事，战胜各种风险挑战，推动“中国号”巨轮劈波斩浪、行稳致远。

坚持以人民为中心的发展思想。习近平总书记指出：“人民是我们党执政的最深厚基础和最大底气。为人民谋幸福、为民族谋复兴，这既是我们党领导现代化建设的出发点和落脚点，也是新发展理念的‘根’和‘魂’。”[①] 中国特色社会主义进入新时代，我国社会主要矛盾发生关系全局的历史性变化，人民对美好生活的

① 《深入学习坚决贯彻党的十九届五中全会精神　确保全面建设社会主义现代化国家开好局》，《人民日报》2021年1月12日。

向往呈现多样化、多层次、多方面的特点。开启全面建设社会主义现代化国家新征程，必须坚持以人民为中心的发展思想，坚持发展为了人民、发展依靠人民、发展成果由人民共享，扭住社会主要矛盾变化的新特征新要求，聚焦人民群众对美好生活的新向往新期待，把新发展理念贯穿发展全过程各领域，加快构建新发展格局，切实转变发展方式，推动质量变革、效率变革、动力变革，实现更高质量、更有效率、更加公平、更可持续、更为安全的发展。把促进全体人民共同富裕摆在更加重要的位置，脚踏实地，久久为功，向着这个目标不懈努力。聚焦群众急难愁盼的问题，同人民想在一起、干在一起，保持党同人民群众的血肉联系。虚心向人民请教，从人民群众创造的新经验新做法中汲取智慧和力量，用心用情用力解民忧、纾民怨、暖民心，促进社会公平，增进民生福祉，努力实现人的全面发展和社会全面进步。

加强国家治理体系和治理能力现代化建设。习近平总书记强调："贯彻落实党的十九届五中全会精神要同贯彻落实党的十九届四中全会精神紧密结合起来，不断推进国家治理体系和治理能力现代化。"[①] 新中国成立 70 多年来，中华民族之所以能迎来从站起来、富起来到强起来的伟大飞跃，最根本的是因为党领导人民

---

① 《深入学习坚决贯彻党的十九届五中全会精神　确保全面建设社会主义现代化国家开好局》，《人民日报》2021 年 1 月 12 日。

建立和完善了中国特色社会主义制度，形成和发展了党的领导和经济、政治、文化、社会、生态文明、军事、外事等各方面制度，不断加强和完善国家治理。《规划纲要》强调，争新优势，重视以国际循环提升国内大循环效率和水平，改善我国生产要素质量和配置水平，推动我国产业转型升级。推动“十四五”时期经济社会发展必须“坚持和完善中国特色社会主义制度”“加强国家治理体系和治理能力现代化建设”，并围绕立足新发展阶段、贯彻新发展理念、构建新发展格局、推动高质量发展作出一系列制度安排、确立一系列体制机制改革方案。新征程上，我们要坚定制度自信、保持战略定力，围绕《规划纲要》确定的方向、目标和路径，进一步坚持和完善中国特色社会主义制度，使我国国家制度和治理体系多方面的显著优势更加充分地发挥出来，为如期实现“十四五”时期经济社会发展目标和2035年远景目标、进而建成社会主义现代化强国奠定坚实制度基础、提供有力制度保障。

大力弘扬以改革创新为核心的时代精神。习近平总书记指出：“当今世界，经济社会发展越来越依赖于理论、制度、科技、文化等领域的创新，国际竞争新优势也越来越体现在创新能力上。”[①] 一个14亿人口的发展中大国实现现代化，是人类历史上前所未有的伟大变革，必须始终坚持和弘扬以改革创新为核心的时代精

① 《习近平谈治国理政》第二卷，外文出版社2017年版，第203页。

神。《规划纲要》将改革创新作为“十四五”时期经济社会发展的根本动力，强调“坚持创新在我国现代化建设全局中的核心地位”。《规划纲要》关于立足新发展阶段、贯彻新发展理念、构建新发展格局、推动高质量发展的一系列决策部署，始终贯穿改革创新精神，必须创造性地抓好落实。面对高质量发展的艰巨任务，面对各种可以预见和难以预见的狂风暴雨、惊涛骇浪，改革创新不可能轻轻松松、顺风顺水，必然要经历艰苦的磨炼和斗争。我们要坚持底线思维、增强忧患意识，发扬斗争精神、提高斗争本领，以识变之智、应变之方、求变之勇，不惧“回头浪”、勇开“顶风船”，保持“乱云飞渡仍从容”的战略定力，展现“不到长城非好汉”的进取精神，以开拓创新的精神状态、风雨无阻的闯劲干劲，乘势而上开启全面建设社会主义现代化国家新征程、向第二个百年奋斗目标进军。

不断推进
和拓展中国式现代化 *

* 作者陈晋，原中央文献研究室副主任。

习近平总书记在新进中央委员会的委员、候补委员和省部级主要领导干部学习贯彻习近平新时代中国特色社会主义思想和党的二十大精神研讨班开班式上强调："概括提出并深入阐述中国式现代化理论，是党的二十大的一个重大理论创新，是科学社会主义的最新重大成果。"党的二十大擘画了全面建设社会主义现代化国家、以中国式现代化全面推进中华民族伟大复兴的宏伟蓝图，吹响了奋进新征程的时代号角。牢牢把握新时代新征程党的使命任务，必须深入理解和把握中国式现代化的历史逻辑、创新突破、中国特色、本质要求和深远影响等，不断推进和拓展中国式现代化，为全面建设社会主义现代化国家、全面推进中华民族伟大复兴而团结奋斗。

深刻认识中国式现代化形成的历史逻辑。中国式现代化是中国共产党和中国人民长期实践探索的成果，是一项伟大而艰巨的事业。社会主义革命和建设时期，以毛泽东同志为主要代表的中国共产党人对社会主义现代化建设进行了艰辛探索。早在 20 世纪 40 年代，毛泽东同志就提出："我们共产党是要努力于中国的工业化的"[①]"使中国由农业国变为工业国"[②]。新中国成立后，毛泽东同志提出并详细阐述了"中国工业化的道路"。在此基础上，

①《毛泽东文集》第三卷，人民出版社 1996 年版，第 146 页。
②《毛泽东选集》第三卷，人民出版社 1991 年版，第 1081 页。

我们党逐步形成工业、农业、国防、科学技术“四个现代化”的发展战略，为我国经济社会发展设立了具体、明确的战略目标。改革开放和社会主义现代化建设新时期，我们党立足国情，关注世界现代化潮流，与时俱进地对什么是现代化、怎样实现现代化进行总结和思考。1979 年，邓小平同志提出，我们要实现的“四个现代化”是“中国式的现代化”。当年 12 月在会见日本首相大平正芳时，邓小平同志进一步提出：“我们的四个现代化的概念，不是像你们那样的现代化的概念，而是‘小康之家’。”[①] 这就是我们在中国式现代化道路上“奔小康”的由来，由此也可以更加深刻认识中国式现代化形成的历史逻辑。

深刻认识中国式现代化与全面建设小康社会的内在联系。改革开放之初，邓小平同志用小康来诠释中国式现代化，明确提出到 20 世纪末“在中国建立一个小康社会”的奋斗目标。我们可以从三个方面理解其中的要义。其一，当时提出要实现的“中国式的现代化”，是基于中国“底子薄，人口太多”的国情提出来的，它反对急躁冒进，主张确立适合中国国情的发展目标；反对照搬西方经验，主张走中国自己的发展道路。其二，实现社会主义现代化是长远目标，小康社会是实现长远目标中的一个阶段性目标。其三，小康社会目标的提出，表明中国式现代化追求的不只是经

①《邓小平文选》第二卷，人民出版社 1994 年版，第 237 页。

济的发展、工业文明的提升和物质技术的进步，还包括人民生活水平和精神文明的提升等，也就是社会的全面进步和人的全面发展。经过长期不懈努力，20 世纪末，人民生活总体上达到小康水平的目标如期实现。2002 年，党的十六大提出全面建设小康社会的目标，小康社会建设由“总体小康”向“全面小康”迈进。此后，党的十七大提出实现全面建设小康社会奋斗目标的新要求；党的十八大提出到 2020 年全面建成小康社会的奋斗目标；党的十九大提出决胜全面建成小康社会，并擘画了全面建成社会主义现代化强国的时间表、路线图。

深刻认识中国式现代化在不断推进和拓展中取得的创新突破。从“小康之家”到“小康社会”，从“总体小康”到“全面小康”，从“全面建设”到“全面建成”……在全面建设小康社会的奋斗实践中，中国共产党不断深化对什么是小康社会、怎样建设小康社会的认识，这个历史进步过程，也是拓展和深化中国式现代化内涵的过程。党的十八大以来，以习近平同志为核心的党中央在已有基础上继续前进，不断实现理论和实践上的创新突破，成功推进和拓展了中国式现代化。以习近平同志为主要代表的中国共产党人创立了习近平新时代中国特色社会主义思想，实现了马克思主义中国化时代化新的飞跃，为中国式现代化提供了根本遵循。我们进一步深化对中国式现代化的内涵和本质的认识，概括形成中国式现代化的中国特色、本质要求和重大原则，初步构建中国式现代化的理论体系，使中国式现代化更加清晰、更加科学、更加可感可行。我们在战略上不断完善，深入实施科教兴国战略、人才强国战略、乡村振兴战略等一系列重大战略，为中国式现代化提供坚实战略支撑。我们在实践上不断丰富，推进一系列变革性实践、实现一系列突破性进展、取得一系列标志性成果，推动党和国家事业取得历史性成就、发生历史性变革，特别是消除了绝对贫困问题，全面建成小康社会，为中国式现代化提供了更为完善的制度保证、更为坚实的物质基础、更为主动的精神力量。

深刻把握中国式现代化的中国特色。我国的社会主义现代化建设之所以能够开创今天这样的好局面，根本在于我们的现代化是中国共产党领导的社会主义现代化，既有各国现代化的共同特征，更有基于自己国情的中国特色。中国式现代化是人口规模巨大的现代化。我国 14 亿多人口整体迈进现代化社会，规模超过现有发达国家人口的总和，艰巨性和复杂性前所未有，发展途径和推进方式也必然具有自己的特点。我们必须把发展的前途命运牢牢掌握在自己手中，用更强的历史耐心和更艰辛的努力扎实推进中国式现代化。中国式现代化是全体人民共同富裕的现代化。共同富裕是中国特色社会主义的本质要求。中国式现代化是以人民为中心、防止两极分化的现代化，而不是以资本为中心、缺少公平正义的现代化，坚持把实现人民对美好生活的向往作为现代化建设的出发点和落脚点。中国式现代化是物质文明和精神文明相协调的现代化。既要不断厚植现代化的物质基础、不断夯实人民幸福生活的物质条件，又要大力发展社会主义先进文化，加强理想信念教育，传承中华文明，促进物的全面丰富和人的全面发展。中国式现代化是人与自然和谐共生的现代化。把人与自然视为生命共同体，正确处理发展与保护的关系，坚定不移走生产发展、生活富裕、生态良好的文明发展道路，提供更多优质生态产品以满足人民日益增长的优美生态环境需要。中国式现代化是走和平发展道路的现代化。不同于历史上一些国家通过战争、殖民、掠夺给发展中国家人民带来深重苦难的现代化，中国式现代化高举和平、发展、合作、共赢旗帜，倡导并积极推动构建人类命运共同体，在坚定维护世界和平与发展中谋求自身发展，又以自身发展更好维护世界和平与发展。

深刻把握中国式现代化的本质要求。习近平总书记在党的二十大报告中深刻阐述了中国式现代化的本质要求，为以中国式现代化全面推进中华民族伟大复兴提供了根本遵循。可以从三个方面来认识和把握中国式现代化的本质要求。坚持中国共产党领导、坚持中国特色社会主义的本质要求，从历史经验和本质规律角度深刻阐明中国式现代化必须坚持党的领导、坚持社会主义性质，为推进中国式现代化指明了正确方向。中国共产党领导是中国特色社会主义最本质的特征，是中国特色社会主义制度的最大优势。没有中国共产党的领导，就没有中国式现代化的开创和推进，就不可能实现中华民族伟大复兴。中国共产党领导的中国式现代化，从来都是社会主义现代化，是在坚持和发展中国特色社会主义的条件下形成和发展起来的。中国共产党领导和社会主义制度，使得中国式现代化与西方现代化从根本上区别开来。实现高质量发展、发展全过程人民民主、丰富人民精神世界、实现全体人民共同富裕、促进人与自然和谐共生的本质要求，表明中国特色社会主义事业总体布局是“五位一体”，要统筹推进经济建设、政治建设、文化建设、社会建设、生态文明建设。推动构建人类命运共同体、创造人类文明新形态的本质要求，体现中国式现代化“胸怀天下”的高远追求和为人类实现现代化提供新选择的使命担当，从世界意义和文明发展角度作出了历史定位。

深刻认识中国式现代化在世界现代化进程中的深远影响。中国式现代化既切合中国实际，体现社会主义建设规律，也体现人类社会发展规律。在新中国成立特别是改革开放以来的长期探索和实践基础上，经过党的十八大以来在理论和实践上的创新突破，我们成功推进和拓展了中国式现代化，使中国成为“世界现代化的增长极”，深刻影响现代化的世界版图，对破解人类社会发展难题、推进人类现代化进程具有重要意义。中国式现代化的中国特色，彰显我们的道路自信、理论自信、制度自信、文化自信，同时也在理论和实践上克服了西方现代化的缺陷。西方资本主义国家的现代化先天性地包含着资本主义制度本身无法克服的局限性。这种以资本为驱动的现代化在带来经济社会发展的同时，也造成了贫富悬殊、两极分化、精神空虚等一系列问题。中国式现代化坚持以人民为中心，把促进全体人民共同富裕作为目标，既促进物的全面丰富，也促进人的全面发展。这体现社会主义的本质要求，超越了资本主义现代化的局限性。中国式现代化是对世界现代化理论和实践的重大创新，是对人类文明进步的重大贡献，为人类和平与发展事业贡献了中国智慧、中国方案。中国式现代化打破了“现代化＝西方化”的迷思，展现了现代化的另一幅图景，拓展了发展中国家走向现代化的路径选择，给世界上那些既希望加快发展又希望保持自身独立性的国家和民族以极大鼓舞和启示。

总之，中国式现代化是中国共产党领导、开创、推动的现代化，是坚持和发展中国特色社会主义的现代化。中国特色社会主义是社会主义而不是别的什么主义，中国式现代化是中国共产党领导的社会主义现代化而不是别的什么现代化。从历史进程来看，中国式现代化和中国特色社会主义是一体化推进和拓展的。中国式现代化的中国特色和本质要求，体现了中国特色社会主义的科学内涵。中国特色社会主义是改革开放以来我们党全部理论和实践的主题，中国式现代化反映了这个主题。坚持中国特色社会主义，深刻体现中国式现代化的基本性质和发展方向。坚持中国共产党领导是中国式现代化最突出的优势，是推进中国式现代化必须坚持的重大原则。在领导和推进中国式现代化进程中，我们党始终坚持中国式现代化的正确方向，坚持人民主体地位，在不同历史时期明确推进中国式现代化的目标、任务、重点，不断深化对中国式现代化的规律性认识，在中华民族伟大复兴历史进程中不断将中国式现代化推向新阶段和新高度。

全面建设社会主义现代化国家必须牢牢把握的重大原则*

* 作者梁言顺，第二十届中央委员，宁夏回族自治区党委书记、自治区人大常委会主任。

全面建设社会主义现代化国家，是我们党孜孜以求的历史宏愿，是一项伟大而艰巨的事业。习近平总书记所作的党的二十大报告着眼全面建成社会主义现代化强国的宏伟目标和战略安排，鲜明提出前进道路上必须牢牢把握的5条重大原则，为全面建设社会主义现代化国家提供了根本遵循。这些重大原则，是在全面总结党的百年奋斗历史经验特别是中国特色社会主义发展实践经验、深刻把握我国发展新的历史特点、统筹考虑当前和今后一个时期发展目标的基础上提出来的，内涵丰富、意义重大，是一个有机统一的整体。我们必须认真学习、深刻领会、整体把握，不折不扣贯彻落实到全面建设社会主义现代化国家全过程各方面。

坚持和加强党的全面领导，
确保我国社会主义现代化建设正确方向

党的二十大报告把“坚持和加强党的全面领导”作为5条重大原则中占统领地位的首要原则，充分体现了对马克思主义建党学说和国家学说、对社会主义现代化建设规律的深刻把握和自觉运用。在新征程上，必须始终坚持和加强党的全面领导，确保全党全国拥有团结奋斗的强大政治凝聚力、发展自信心，集聚起万众一心、共克时艰的磅礴力量，形成风雨来袭时全体人民最可靠的主心骨。

中国共产党领导，是党和国家的根本所在、命脉所在，是全

国各族人民的利益所系、命运所系。党政军民学，东西南北中，党是领导一切的。中国特色社会主义最本质的特征是中国共产党领导，中国特色社会主义制度的最大优势是中国共产党领导，中国共产党是最高政治领导力量。中国人民和中华民族之所以能够扭转近代以后的历史命运、取得今天的伟大成就，最根本的是有中国共产党的坚强领导。党的十八大以来，以习近平同志为核心的党中央以巨大政治勇气和强烈责任担当，推动党和国家事业取得历史性成就、发生历史性变革，实现中华民族伟大复兴进入了不可逆转的历史进程。历史和现实都证明，没有中国共产党，就没有新中国，就没有中华民族伟大复兴。坚持和加强党的全面领导，关系党和国家前途命运，我们的全部事业都建立在这个基础之上，都根植于这个最本质特征和最大优势。在坚持党的领导这个重大原则问题上，绝不能有丝毫含糊和动摇，绝不能犯原则性、方向性甚至颠覆性错误。

坚持和加强党的全面领导，最根本的是深刻领悟“两个确立”的决定性意义，坚决做到“两个维护”。“两个确立”是新时代十年来我们党取得的最重要的政治成果。党的十八大以来，以习近平同志为核心的党中央把加强党的集中统一领导作为全党共同的政治责任，系统完善党的领导制度体系，使全党思想上更加统一、政治上更加团结、行动上更加一致，党的政治领导力、思想引领力、群众组织力、社会号召力显著增强。正是因为有习近平总书记掌舵领航，全党才有了顶梁柱，14 亿多人民才有了主心骨；正是因为有习近平新时代中国特色社会主义思想的科学指引，全党全国各族人民才有了思想上的“定盘星”、行动上的“指南针”。“两个维护”本质上是维护党和国家的最高利益，必须把对“两个确立”决定性意义的深刻领悟切实转化为坚决做到“两个维护”的高度自觉，不断提高政治判断力、政治领悟力、政治执行力，全面贯彻习近平新时代中国特色社会主义思想，始终在思想上政治上行动上同以习近平同志为核心的党中央保持高度一致。

坚持和加强党的全面领导，必须把党的领导落实到党和国家事业各领域各方面各环节。党的领导是全面的、系统的、整体的，是对各类机构、各种组织、各项事业的全覆盖领导，是对各个地方、各个领域、各个方面工作的全方位领导，是对改革发展稳定、内政外交国防、治党治国治军的全过程领导。党的十八大以来，习近平总书记对坚持和加强党的全面领导旗帜鲜明、充满自信，无论哪个领域、哪方面工作，都从加强党的全面领导抓起。实践告诉我们，坚持和加强党中央集中统一领导是做好党和国家工作的根本保证，是我国政治清明、经济发展、民族团结、社会稳定的根本点。坚持和加强党的全面领导，归根到底就是要充分发挥党的领导政治优势，推动党对社会主义现代化的领导在职能配置上更加科学合理、在体制机制上更加完备完善、在运行管理上更加高效，不断提高党把方向、谋大局、定政策、促改革的能力和定力，确保全党在党的旗帜下团结成“一块坚硬的钢铁”，步调一致向前进。

坚持中国特色社会主义道路，
始终把国家和民族发展放在自己力量的基点上

道路决定命运，道路就是党的生命。党的二十大报告将“坚持中国特色社会主义道路”作为全面建设社会主义现代化国家的一条重大原则，充分体现了我们党道不变、志不改的坚定决心。我们必须深刻领悟中国特色社会主义道路的正确性，坚定不移走中国特色社会主义这条唯一正确的道路。

走自己的路，是党的全部理论和实践的立足点。习近平总书记深刻指出：“一切成功发展振兴的民族，都是找到了适合自己实际的道路的民族。”[①] 在革命、建设、改革各个历史时期，我们党坚持从我国国情出发，探索并形成符合中国实际的正确道路，这是党的事业不断从胜利走向胜利的真谛。党和人民历尽千辛万苦、付出巨大代价取得的根本成就，就是成功开辟了实现中华民族伟大复兴的正确道路，这就是中国特色社会主义道路。中国特色社会主义道路不是从天上掉下来的，而是在改革开放40多年的伟

① 习近平：《纪念孙中山先生诞辰150周年大会上的讲话》，人民出版社2016年版，第5页。

大实践中走出来的，是在新中国成立70多年的持续探索中走出来的，是在对近代以来180多年中华民族发展历程的深刻总结中走出来的，是在对中华民族5000多年悠久文明的传承中走出来的。这条道路符合中国实际、反映中国人民意愿、适应时代发展要求，不仅走得对、走得通，而且走得稳、走得好。无论遇到什么风浪，在坚持中国特色社会主义道路这个根本问题上必须一以贯之，决不因各种杂音噪声而改弦更张。

中国特色社会主义道路是实现社会主义现代化、创造人民美好生活的必由之路。“鞋子合不合脚，自己穿了才知道。”中国特色社会主义道路，既坚持以经济建设为中心，又全面推进经济、政治、文化、社会、生态文明建设以及其他各方面建设；既坚持四项基本原则，又坚持改革开放；既不断解放和发展生产力，又逐步实现全体人民共同富裕、促进人的全面发展。党的十八大以来，以习近平同志为核心的党中央准确把握中国特色社会主义历史新方位、时代新变化、实践新要求，科学回答了当今时代和当代中国发展提出的一系列重大理论和实践问题，创造了新时代中国特色社会主义的伟大成就，推动我国迈上全面建设社会主义现代化国家新征程。实践证明，只有中国特色社会主义道路而没有别的道路，能够引领中国进步、增进人民福祉、实现民族复兴。这条道路我们看准了、认定了，必须坚定不移走下去，不为任何风险所惧，不为任何干扰所惑，真正做到“千磨万击还坚劲，任尔东西南北风”。

坚定不移走中国特色社会主义道路。找到一条好的道路不容易，走好这条道路更不容易。我们党坚持和发展中国特色社会主义，推动物质文明、政治文明、精神文明、社会文明、生态文明协调发展，成功走出了中国式现代化道路，创造了人类文明新形态，从根本上改变了中国人民的前途命运，也为解决人类面临的共同问题提供了更多更好的中国智慧、中国方案、中国力量。脚踏中华大地，传承中华文明，走符合中国国情的正确道路，党和人民就具有无比广阔的舞台，具有无比深厚的历史底蕴，具有无比强大的前进定力。当前，我们已经迈上全面建设社会主义现代化国家新征程，我们党团结带领人民坚持中国道路的决心信心更加坚定，坚持中国道路的实力能力更为坚实。面向未来，必须坚持独立自主、自力更生，把中国发展进步的命运牢牢掌握在自己手中，毫不动摇沿着中国特色社会主义道路这条创造人民美好生活、实现中华民族伟大复兴的康庄大道奋勇前进。只要我们既不走封闭僵化的老路，也不走改旗易帜的邪路，就一定能够把我国建设成为综合国力和国际影响力领先的社会主义现代化强国。

坚持以人民为中心的发展思想，让现代化建设成果更多更公平惠及全体人民

民心是最大的政治，正义是最强的力量。党的二十大报告确定了“坚持以人民为中心的发展思想”的重大原则，这是由我们

党的根本宗旨、我国经济社会发展的根本目的决定的。新征程上，我们必须坚持尊重社会发展规律和尊重人民历史主体地位的一致性、为崇高理想奋斗和为最广大人民谋利益的一致性、完成党的各项工作和实现人民利益的一致性，努力为人民创造更美好、更幸福的生活。

坚持发展为了人民，把人民对美好生活的向往作为奋斗目标。我们党的根基在人民、血脉在人民、力量在人民，人民是党执政兴国的最大底气。我们党没有任何自己特殊的利益，从来不代表任何利益集团、任何权势团体、任何特权阶层的利益，这是我们党立于不败之地的根本所在。我们党干革命、搞建设、抓改革，都是为人民谋利益、让人民过上好日子；推进社会主义现代化、实现中华民族伟大复兴，同样是为了人民的根本利益。现在，人民对美好生活的向往更加强烈，期盼有更好的教育、更稳定的工作、更满意的收入、更可靠的社会保障、更高水平的医疗卫生服务、更舒适的居住条件、更优美的环境、更丰富的精神文化生活。江山就是人民、人民就是江山，必须始终把人民放在心中最高位置，始终全心全意为人民服务，始终与人民有福同享、有难同当，有盐同咸、无盐同淡，始终为人民利益和幸福而努力奋斗。

坚持发展依靠人民，紧紧依靠人民创造历史伟业。人民是历史的创造者，是决定党和国家前途命运的根本力量。在革命、建设、改革的伟大历史进程中，我们党紧紧依靠人民跨过了一道又一道沟坎，取得了一个又一个胜利。新民主主义革命时期，人民群众是党和人民军队的铜墙铁壁；社会主义革命和建设的伟大成就是人民群众干出来的；改革开放的历史伟剧是亿万群众主演的；中华民族迎来从站起来、富起来到强起来的伟大飞跃，是党和人民一道拼出来、干出来、奋斗出来的。无论遇到任何困难和挑战，只要有人民的支持和参与，党就能够一往无前、无往不胜。时代是出卷人，我们是答卷人，人民是阅卷人。必须坚持把人民拥护不拥护、赞成不赞成、高兴不高兴、答应不答应作为衡量一切工作得失的根本标准，始终同人民想在一起、干在一起，充分调动广大人民的积极性、主动性、创造性，发挥亿万人民的创造伟力。

坚持发展成果由人民共享，让人民群众获得感、幸福感、安全感更加充实、更有保障、更可持续。我们党始终带领人民为创造美好生活、实现共同富裕而不懈奋斗。党的十八大以来，以习近平同志为核心的党中央把逐步实现全体人民共同富裕摆在更加重要的位置，团结带领人民完成脱贫攻坚、全面建成小康社会的历史任务，实现了第一个百年奋斗目标，深入贯彻以人民为中心的发展思想，在幼有所育、学有所教、劳有所得、病有所医、老有所养、住有所居、弱有所扶上持续用力，人民生活全方位改善，共同富裕取得新成效。现在，我们已经到了扎实推动全体人民共同富裕的历史阶段。党的二十大进一步明确了到 2035 年“人的全面发展、全体人民共同富裕取得更为明显的实质性进展”的目标，反映了社会主义的本质要求，体现了以人民为中心的根本立场。新征程上，必须坚持在发展中保障和改善民生，维护人民根本利益，持续增进民生福祉，提高人民生活品质，更加关注人民群众“柴米油盐”的烦恼、“衣食住行”的需求、“酸甜苦辣”的倾诉，解决好人民群众急难愁盼问题，扎实推进全体人民共同富裕。

坚持深化改革开放，
不断增强社会主义现代化建设的动力和活力

改革开放是我们党的一次伟大觉醒，是中国人民和中华民族发展史上的一次伟大革命。党的二十大报告明确提出“坚持深化改革开放”的重大原则，这是更好统筹国内国际两个大局、进一步解放和发展社会生产力的必然要求。我们必须解放思想、与时俱进，将改革开放进行到底。

改革开放是党和人民大踏步赶上时代的重要法宝，是决定当代中国命运的关键一招。党的十一届三中全会开启了改革开放和社会主义现代化建设的新时期，我们党团结带领全国各族人民以一往无前的进取精神和波澜壮阔的创新实践，坚持改革改革再改革、开放开放再开放，我国取得了世所罕见的经济快速发展和社会长期稳定两大奇迹。党的十八大以来，以习近平同志为核心的党中央高举改革开放伟大旗帜，坚持改革正确方向，开创了我国改革开放新局面，党和国家事业发生了全方位、开创性、深层次、

根本性变革，全面深化改革已经成为当代中国最鲜明的特色，扩大对外开放已经成为当代中国最鲜明的标识。我们必须深入推进改革创新，坚定不移扩大开放，着力破除制约高质量发展、高品质生活的体制机制障碍，持续增强发展动力和活力。

推进国家治理体系和治理能力现代化，把我国制度优势更好转化为国家治理效能。改革是解放和发展我国社会生产力的关键，是推动国家发展的根本动力。改革开放 40 多年来，从开启新时期到跨入新世纪，从站上新起点到进入新时代，我们党解放思想、实事求是，坚持守正创新，大胆地试、勇敢地改，干出了一片新天地。党的十八大以来，我们党以巨大的政治勇气全面深化改革，打响了改革攻坚战，啃下了不少硬骨头，闯过了不少激流险滩，改革呈现全面发力、多点突破、蹄疾步稳、纵深推进的局面。党的二十大把“改革开放迈出新步伐，国家治理体系和治理能力现代化深入推进”作为未来 5 年的主要目标任务之一，明确了深化改革开放的任务书和路线图。我们必须围绕坚持和完善中国特色社会主义制度、推进国家治理体系和治理能力现代化，以更大的勇气、更有力的举措推动更深层次改革。尤其是围绕构建高水平社会主义市场经济体制，坚持和完善社会主义基本经济制度，充分发挥市场在资源配置中的决定性作用，更好发挥政府作用，以深化改革激发发展活力。

推进高水平对外开放，形成更大范围、更宽领域、更深层次对外开放格局。习近平总书记强调:“中国开放的大门不会关闭,只会越开越大!”[①] 党的十八大以来,以习近平同志为核心的党中央实施更加主动的开放战略,推动共建“一带一路”成为深受欢迎的国际公共产品和国际合作平台,我国货物贸易总额居世界第一,吸引外资和对外投资居世界前列。开放带来进步,封闭必然落后。我国过去经济发展是在开放条件下取得的,未来经济发展也必须在更加开放的条件下进行。构建新发展格局是开放的国内国际双循环,我们必须坚持对外开放的基本国策,依托我国超大规模市场优势,增强国内国际两个市场两种资源联动效应,稳步扩大规则、规制、管理、标准等制度型开放,营造市场化、法治化、国际化一流营商环境,推动共建“一带一路”高质量发展,以高水平对外开放打造国际合作和竞争新优势。

坚持发扬斗争精神,
依靠顽强斗争打开事业发展新天地

党的二十大报告深刻把握党的事业发展和自身建设规律,提出“坚持发扬斗争精神”的重大原则,深刻揭示了我们党永葆旺盛生机活力的基因密码。我们必须清醒认识进行伟大斗争的长期性、复杂性、艰巨性,坚持底线思维,增强忧患意识,全力战胜前

① 习近平:《论坚持全面深化改革》,中央文献出版社 2018 年版,第 461 页。

进道路上各种困难和挑战。

敢于斗争、敢于胜利，是党和人民不可战胜的强大精神力量。社会是在矛盾运动中前进的，矛盾无时不在、无处不有，有矛盾就会有斗争。党和人民取得的一切成就，不是别人恩赐的，而是通过不断斗争取得的。建立中国共产党、成立中华人民共和国、实行改革开放、推进新时代中国特色社会主义事业，都是在斗争中诞生、在斗争中发展、在斗争中壮大的。为了人民、国家、民族，无论敌人如何强大、道路如何艰险、挑战如何严峻，我们党总是绝不畏惧、绝不退缩，不怕牺牲、百折不挠。新时代坚持和发展中国特色社会主义是一项长期而艰巨的历史任务，我们党要团结带领人民有效应对重大挑战、抵御重大风险、克服重大阻力、解决重大矛盾，必须敢于斗争、善于斗争。

我们党依靠斗争创造历史，更要依靠斗争赢得未来。新时代十年来，面对影响党长期执政、国家长治久安、人民幸福安康的突出矛盾和问题，以习近平同志为核心的党中央审时度势、果敢抉择，锐意进取、迎难而上，义无反顾进行具有许多新的历史特点的伟大斗争，经受住了来自政治、经济、意识形态、自然界等方面的风险挑战考验。特别是面对突如其来的新冠肺炎疫情这场大战大考，在习近平总书记亲自指挥、亲自部署下，打响了一场抗击疫情的人民战争、总体战、阻击战，统筹疫情防控和经济社会发展取得重大积极成果。历史和现实告诉我们，对危及党的执政地位、国家政权稳定，危害国家核心利益，危害人民根本利益，有可能迟滞甚至打断中华民族伟大复兴进程的重大风险挑战，必须以敢于同任何强大敌人作斗争而不为任何强大敌人所吓阻的志气、骨气、底气进行坚决斗争，不信邪、不怕鬼、不怕压，在斗争中求得生存、获得发展、赢得胜利。

不断夺取新时代伟大斗争新胜利。当前，世界百年未有之大变局和中华民族伟大复兴战略全局相互激荡，新矛盾和旧问题彼此交织，有形斗争和无形较量轮番博弈，可以预见的风险和不可预见的挑战接踵而至，我们面临的风险和考验一点也不会比过去少，只会越来越复杂，甚至会遇到难以想象的惊涛骇浪。要看到，我们面临的各种斗争不是短期的而是长期的，将伴随实现第二个百年奋斗目标全过程。在重大斗争、强大对手面前，唯有主动迎战、坚决斗争，才有生路出路。我们必须把握新的伟大斗争的历史特点，深刻认识我国社会主要矛盾变化带来的新特征新要求，深刻认识错综复杂的国际环境带来的新矛盾新挑战，贯彻总体国家安全观，统筹发展和安全，发扬斗争精神，把握斗争方向，坚定斗争意志，勇于战胜一切风险挑战。各级领导干部要加强斗争精神和斗争本领养成，着力增强防风险、迎挑战、抗打压的能力，平常时候看得出来、关键时刻站得出来、危难关头豁得出来，在斗争中经风雨、见世面、壮筋骨、长才干。

全面建成社会主义现代化强国的战略安排和目标任务*

* 作者黄守宏，第二十届中央委员，国务院研究室党组书记、主任。

团结带领全国各族人民全面建成社会主义现代化强国、实现第二个百年奋斗目标，以中国式现代化全面推进中华民族伟大复兴，是从现在起中国共产党的中心任务。习近平总书记就建设什么样的社会主义现代化强国、怎样建设社会主义现代化强国，提出一系列原创性的新理念新思想新战略，是指引我们前进的强大思想武器。习近平总书记所作的党的二十大报告，对全面建成社会主义现代化强国作出“分两步走”总的战略安排，明确了到2035年和本世纪中叶我国发展的总体目标，擘画了第二个百年奋斗目标的美好图景，赋予社会主义现代化强国新的丰富内涵，具有重大而深远的意义。我们要深入学习领会，认真贯彻落实。

深刻领悟全面建成社会主义现代化强国的战略安排

党的二十大报告提出，全面建成社会主义现代化强国，总的战略安排是分两步走：从二〇二〇年到二〇三五年基本实现社会主义现代化；从二〇三五年到本世纪中叶把我国建成富强民主文明和谐美丽的社会主义现代化强国。这一战略安排，明确了全面建成社会主义现代化强国的时间表、路线图，展现了中华民族伟大复兴的壮丽前景，令人鼓舞、催人奋进。

全面建成社会主义现代化强国两步走战略安排，既体现了我们党在社会主义现代化建设战略目标上的一贯性、整体性，又符合实践发展的连续性、阶段性和时代性。建设一个现代化的强国，是近代以来中国人的梦想。新中国的成立，社会主义制度的建立，为实现社会主义现代化提供了根本社会条件、政治前提和制度基础。我们党始终将实现社会主义现代化作为战略目标，咬定青山不放松，进行了艰辛探索，作出了不懈努力。20 世纪五六十年代，我们党明确要“把我国建设成为一个强大的社会主义国家”，并提出基本实现“四个现代化”的两步走战略。改革开放之后，党根据国际环境变化和我国发展实际，对推进社会主义现代化建设作出战略安排，提出“三步走”战略，就是到 20 世纪 80 年代末解决人民温饱问题，到 20 世纪末使人民生活达到小康水平，到 21 世纪中叶基本实现现代化。进入新世纪，在现代化建设的前两步战略目标实现之后，党又提出在 21 世纪头 20 年全面建设惠及十几亿人口的更高水平的小康社会目标。党的十八大以来，中国特色社会主义进入新时代，党发出了向“两个一百年”奋斗目标进军的时代号召，明确提出在中国共产党成立 100 年时全面建成小康社会，在新中国成立 100 年时建成富强民主文明和谐的社会主义现代化国家。党的十九大报告对实现第二个百年奋斗目标作出分两个阶段推进的战略安排，明确提出到 2035 年基本实现社会主义现代化，到本世纪中叶把我国建成富强民主文明和谐美丽的社会主义现代化强国。这个战略安排，把基本实现现代化的时间比原先提前了 15 年，首次提出“全面建成社会主义现代化强国”

概念，战略目标上增加了“美丽”这一代表生态文明的内容，使现代化的内涵更加全面，并与“五位一体”总体布局相对应。在全面建成小康社会、实现第一个百年奋斗目标的基础上，党的二十大报告对全面建成社会主义现代化强国两步走战略安排进行宏观展望，细化了实现第二个百年奋斗目标的步骤和路径。回顾我国现代化建设的历程，我们党坚持一张蓝图绘到底，对建设社会主义现代化国家战略目标，在认识上不断深化，在内涵上不断丰富拓展，在战略安排上层层递进，推动现代化建设的蓝图一步一步变为现实。

全面建成社会主义现代化强国两步走战略安排，具有坚实的基础、科学的依据、可靠的保障，是完全有把握实现的。全面建成小康社会、实现第一个百年奋斗目标，为开启全面建设社会主义现代化国家新征程奠定了坚实基础。综合分析各方面情况，我国现代化建设进入战略机遇和风险挑战并存、不确定难预料因素增多的时期。从国际看，世界百年未有之大变局加速演进，国际环境日趋复杂，世界进入新的动荡变革期，单边主义、保护主义、霸权主义对世界和平与发展构成威胁。从国内看，长期积累的深层次矛盾和风险隐患不断显现，新情况新问题不断出现。我们必须增强忧患意识，做好应对重大风险的充分准备。但历史发展是有其内在大逻辑的。新中国成立特别是改革开放以来，我们遭遇过很多外部严重风险冲击和内部困难，最终都化险为夷，创造了世所罕见的经济快速发展奇迹和社会长期稳定奇迹，成功推进和拓展了中国式现代化。尽管当前国内外形势复杂严峻，但我国发展仍处于重要战略机遇期，制度优势显著，物质基础雄厚，人力资源丰富，创新能力提升，市场空间广阔，发展韧性强劲，社会大局稳定，支撑经济长期稳定发展的内在动因没有也不会改变。特别是我们有以习近平同志为核心的党中央的坚强领导，有习近平新时代中国特色社会主义思想的科学指导，一定能战胜各种风险挑战，不断夺取社会主义现代化建设的新胜利。

全面建成社会主义现代化强国两步走战略安排，将不断实现人民对美好生活的向往，也将深刻改变世界现代化的格局。随着现代化建设的推进，人民在经济、政治、文化、社会、生态等方面日益增长的需要将得到更好满足，人的全面发展、社会全面进步将取得更大成就，也将为人类文明进步作出更大贡献。从世界范围看，到目前为止，已经实现了现代化的国家和地区人口约为10亿。我国14亿多人口整体迈入现代化社会，其规模超过现有发达国家人口的总和，将彻底改写世界现代化的进程、版图和态势，是人类发展史上前所未有的伟大创举。这将创造世界现代化的崭新模式，拓展发展中国家走向现代化的途径，为解决人类问题贡献中国智慧和中国方案。

准确把握到2035年我国发展的总体目标

综合考虑我国未来发展的基础条件和各种风险挑战，在党的十九大报告和十九届五中全会通过的《中共中央关于制定国民经济和社会发展第十四个五年规划和二〇三五年远景目标的建议》基础上，党的二十大报告围绕基本实现社会主义现代化，从八个方面进一步明确了到2035年我国发展的目标任务，提出了新的更高要求。

经济实力、科技实力、综合国力大幅跃升，人均国内生产总值迈上新的大台阶，达到中等发达国家水平。我国已进入高质量发展阶段，从经济发展能力和条件看，有希望、有潜力在质量效益明显提升基础上保持长期平稳发展，到2035年实现经济总量或人均国内生产总值比2020年翻一番。我国人均国内生产总值2021年达到12551美元、超过世界平均水平，到2035年将达到中等发达国家水平。经济结构优化升级，全要素生产率大幅提升，社会生产力水平显著提高。

实现高水平科技自立自强，进入创新型国家前列。国家创新体系效能全面提升，国家战略科技力量和高水平人才队伍居世界前列，基础研究和原始创新能力全面增强，关键核心技术实现重大突破和自主可控，更多科技前沿领域实现并跑和领跑。全社会研发经费投入强度、基础研究经费投入占研发经费投入比重达到主要发达国家水平。我国全球创新指数排名进入世界前列，科技进步贡献率大幅提升。

建成现代化经济体系，形成新发展格局，基本实现新型工业化、信息化、城镇化、农业现代化。转变发展方式取得决定性进展，经济质量效益和核心竞争力显著提高。形成以国内大循环为主体、国内国际双循环相互促进的新发展格局，生产、分配、流通、消费更多依托国内市场，参与国际经济合作和竞争新优势明显增强，国民经济实现良性循环。由制造大国迈入制造强国，产业链供应链基本安全可控、韧性显著增强，实现产业基础高级化、产业链现代化。数字经济与实体经济深度融合，公共服务、社会治理等领域数字化智能化水平大幅提升。以城市群为主体、大中小城市和小城镇协调发展的城镇化格局基本形成，常住人口城镇化率、户籍人口城镇化率大幅提高，以人为核心的新型城镇化基本实现，城市品质明显提升。乡村振兴取得决定性进展，农业综合生产能力明显提高，国家粮食安全和重要农产品有效供给得到更好保障，现代乡村产业体系基本形成。

基本实现国家治理体系和治理能力现代化，全过程人民民主制度更加健全，基本建成法治国家、法治政府、法治社会。中国特色社会主义根本制度、基本制度、重要制度更加完善。社会主义民主政治建设进一步发展，全过程人民民主更加广泛、更加充分、更加健全，人民当家作主制度体系更加完善。依法治国得到全面落实，形成完备的法律规范体系、高效的法治实施体系、严密的法治监督体系、有力的法治保障体系，形成科学立法、严格执法、公正司法、全民守法的良好格局。

建成教育强国、科技强国、人才强国、文化强国、体育强国、健康中国，国家文化软实力显著增强。建成服务全民终身学习的现代教育体系，劳动年龄人口平均受教育年限进一步提高，普及有质量的学前教育，实现优质均衡的义务教育，全面普及高中阶段教育，职业教育服务能力显著提升，高等教育竞争力明显提升，总体实现教育现代化。基本实现科学技术现代化，建成更多世界主要科学中心和创新高地，一大批国家科研机构、研究型大学和科技领军企业进入世界前列，形成高水平开放创新生态。人才结构更加优化，人才质量显著提升，各类高层次人才更多涌现，成为世界重要人才中心。文化事业进一步繁荣，现代文化产业体系基本形成，国民思想道德素质、科学文化素质明显提高。体育综合实力和国际影响力居世界前列。人均预期寿命提高到 80 岁以上，人口长期均衡、可持续发展。中华文化影响力、中华民族凝聚力显著增强。

人民生活更加幸福美好，居民人均可支配收入再上新台阶，中等收入群体比重明显提高，基本公共服务实现均等化，农村基本具备现代生活条件，社会保持长期稳定，人的全面发展、全体人民共同富裕取得更为明显的实质性进展。人民生活水平和质量显著提升，拥有更好的教育、更稳定的工作、更满意的收入、更可靠的社会保障、更高水平的医疗服务、更舒适的居住条件、更优美的环境、更丰富的精神文化生活。低收入群体规模显著减少，基本形成以中等收入群体为主体的“橄榄型”社会结构。公共服务体系健全完善，实现基本公共服务覆盖全民、兜住底线、均等享有。农村基础设施和公共服务明显改善，基本建成具备现代生产生活条件的宜居宜业和美乡村。改革发展成果更多更公平惠及全体人民，城乡区域发展差距和居民生活水平差距明显缩小，人的全面发展能力持续提升，人民获得感、幸福感、安全感更加充实、更有保障、更可持续。

广泛形成绿色生产生活方式，碳排放达峰后稳中有降，生态环境根本好转，美丽中国目标基本实现。清洁低碳、安全高效的能源体系和绿色低碳循环发展的经济体系基本建立，各类主要资源利用效率、主要污染物排放强度、碳排放强度接近发达国家平均水平，碳排放总量力争在2030年前实现达峰后稳中有降。大气、水、土壤等环境状况明显改观。生态安全屏障体系基本建立，森林、草原、荒漠、河湖、湿地、海洋等自然生态系统状况实现根本好转，形成生产空间安全高效、生活空间舒适宜居、生态空间山青水碧的国土开发格局。

国家安全体系和能力全面加强，基本实现国防和军队现代化。平安中国建设达到更高水平，国家安全法治体系、战略体系、政策体系、人才体系和运行机制更加健全，粮食安全、能源安全、重要产业链供应链安全和公共安全保障能力全面提高。坚持富国和强军相统一，军事理论、军队组织形态、军事人员、武器装备现代化全面推进，国防和军队建设达到世界先进水平。

深刻认识到本世纪中叶我国发展的远景目标

党的二十大报告提出，在基本实现现代化的基础上，我们要继续奋斗，到本世纪中叶，把我国建设成为综合国力和国际影响力领先的社会主义现代化强国。到那时，我国物质文明、政治文明、精神文明、社会文明、生态文明将全面提升，统筹推进“五位一体”总体布局将取得标志性成果。在经济建设方面，全面形成高质量发展模式和高水平的现代化经济体系，国家创新能力、社会生产力水平和核心竞争力名列世界前茅，成为全球主要科学中心、创新高地和重大科技成果主要输出地。在政治建设方面，全面实现国家治理体系和治理能力现代化，中国特色社会主义制度更加巩固、优越性充分发挥，全面建成法治国家、法治政府、法治社会，充分实现全过程人民民主，社会主义民主政治更加成熟完善。在文化建设方面，在全社会形成与社会主义现代化强国相适应的理想信念、价值理念、道德观念和精神风貌，全民族文化创新创造活力充分释放，公民文明素质和社会文明程度显著提高，中国精神、中国价值、中国力量在全球更加彰显。在社会建设方面，全体人民共同富裕基本实现，全社会实现高质量的充分就业，收入分配的公平程度排在世界前列，城乡居民将普遍拥有较高的收入、富裕的生活、健全的基本公共服务，社会充满活力而又规范有序。在生态文明建设方面，美丽中国全面建成，天蓝、地绿、水净、山青的优美生态环境成为普遍形态，实现人与自然和谐共生的现代化，成为全球生态环境保护领先的国家。到那时，具有5000多年文明历史的中华民族将焕发出前所未有的生机活力，将以更加昂扬的姿态屹立于世界民族之林。

总之，我国要全面建成的社会主义现代化强国，既具备世界主要现代化强国的一般特点，也具有体现中国特色社会主义本质要求和我国国情的鲜明特征，还具有反映中华文明对人类文明进步作出更大贡献的天下情怀。全面建成这样的社会主义现代化强国，实现经济社会全面进步、国家“硬实力”和“软实力”全面提升，使人民物质富足、精神富有，将充分彰显中国共产党矢志不移为中国人民谋幸福、为中华民族谋复兴的初心使命。全面建成这样的社会主义现代化强国，不仅更好造福中国人民，也更好造福世界各国人民，将充分彰显中国共产党胸怀天下、立己达人，为世界谋大同、为人类创未来的不懈追求和责任担当。

深入理解和把握
中国现代化的本质要求 *

* 作者颜晓峰，天津大学马克思主义学院院长。

习近平总书记在党的二十大报告中明确了中国式现代化的本质要求："坚持中国共产党领导，坚持中国特色社会主义，实现高质量发展，发展全过程人民民主，丰富人民精神世界，实现全体人民共同富裕，促进人与自然和谐共生，推动构建人类命运共同体，创造人类文明新形态。"牢牢把握新时代新征程党的使命任务，必须深入理解和把握中国式现代化的本质要求，以中国式现代化全面推进中华民族伟大复兴。

中国式现代化是中国共产党领导的社会主义现代化

习近平总书记在党的二十大报告中强调："中国式现代化，是中国共产党领导的社会主义现代化"。中国式现代化是中国共产党领导、开创、推动的现代化，是坚持和发展中国特色社会主义的现代化。作为中国式现代化本质要求的重要内容，"坚持中国共产党领导，坚持中国特色社会主义"从历史经验和本质规律角度深刻阐明中国式现代化坚持党的领导的要求和社会主义性质，为推进中国式现代化指明了正确方向。

中国共产党是中国式现代化的领导力量。我们党是在领导人民成功开创、坚持和发展中国特色社会主义的过程中探索和推进中国式现代化的，中国式现代化的"中国式"，从根本上讲就是基于中国特色社会主义形成的。在领导和推进中国式现代化进程中，我们党始终坚持中国式现代化的正确方向，坚持人民主体地位，在不同历史时期明确推进中国式现代化的目标、任务、重点，不断深化对中国式现代化的规律性认识，在中华民族伟大复兴历史进程中不断将中国式现代化推向新阶段和新高度。

我们党团结带领中国人民浴血奋战、百折不挠，创造了新民主主义革命的伟大成就；自力更生、发愤图强，创造了社会主义革命和建设的伟大成就；解放思想、锐意进取，创造了改革开放和社会主义现代化建设的伟大成就。特别是党的十八大以来，以习近平同志为核心的党中央团结带领全党全国各族人民，自信自强、守正创新，创造了新时代中国特色社会主义的伟大成就，为实现中华民族伟大复兴提供了更为完善的制度保证、更为坚实的物质基础、更为主动的精神力量。在新中国成立特别是改革开放以来长期探索和实践基础上，经过党的十八大以来在理论和实践上的创新突破，我们党成功推进和拓展了中国式现代化。

中国特色社会主义是社会主义而不是别的什么主义，中国式现代化是中国共产党领导的社会主义现代化而不是别的什么现代化。坚持中国共产党领导，是中国式现代化最鲜明的特征和最突出的优势，是推进中国式现代化必须坚持的最高原则。坚持中国特色社会主义，深刻体现了中国式现代化的基本性质和发展方向。

深刻认识中国式现代化的本质要求和中国特色的内在联系

习近平总书记在党的二十大报告中指出：中国式现代化“既有各国现代化的共同特征，更有基于自己国情的中国特色”。深入理解和把握中国式现代化的本质要求，一个重要方面在于将中国式现代化的本质要求与中国特色结合起来，深刻认识和把握两者之间的辩证统一关系。

从“人口规模巨大的现代化”来认识中国式现代化的本质要求。坚持中国共产党领导，坚持中国特色社会主义，发展全过程人民民主，是中国式现代化的本质要求的重要内容。我国14亿多人口整体迈进现代化社会，规模超过现有发达国家人口的总和，艰巨性和复杂性前所未有。推进中国式现代化，必须坚持党的领导，充分发挥党总揽全局、协调各方的领导核心作用。必须坚持中国特色社会主义，充分发挥社会主义集中力量办大事的优势，在统筹兼顾中协调处理好现代化建设各方面各领域的关系。必须发展全过程人民民主，坚持人民主体地位，充分体现人民意志、保障人民权益、激发人民创造活力。

从“全体人民共同富裕的现代化”来认识中国式现代化的本质要求。共同富裕是中国特色社会主义的本质要求，实现全体人民共同富裕是中国式现代化的本质要求的重要内容。党的十八大以来，以习近平同志为核心的党中央科学把握新发展阶段，把逐步实现全体人民共同富裕摆在更加突出的位置，团结带领全党全国各族人民完成脱贫攻坚、全面建成小康社会的历史任务，实现第一个百年奋斗目标。共同富裕是一个长期的历史过程，要着力维护和促进社会公平正义，着力促进全体人民共同富裕，坚决防止两极分化，不断推动人的全面发展、全体人民共同富裕取得更为明显的实质性进展。

从“物质文明和精神文明相协调的现代化”来认识中国式现代化的本质要求。物质富足、精神富有是社会主义现代化的根本要求。实现高质量发展，丰富人民精神世界，是中国式现代化的本质要求的重要内容。坚持高质量发展，才能不断厚植现代化的物质基础，不断夯实人民幸福生活的物质条件。大力发展社会主义先进文化，加强理想信念教育，传承中华文明，才能不断丰富人民精神世界。只有坚持高质量发展，不断丰富人民精神世界，才能不断促进物的全面丰富和人的全面发展。

从“人与自然和谐共生的现代化”来认识中国式现代化的本质要求。促进人与自然和谐共生是中国式现代化的本质要求之一。尊重自然、顺应自然、保护自然，是全面建设社会主义现代化国家的内在要求。建设人与自然和谐共生的现代化，必须坚持可持续发展，坚持节约优先、保护优先、自然恢复为主的方针，像保护眼睛一样保护自然和生态环境，坚定不移走生产发展、生活富裕、生态良好的文明发展道路，实现中华民族永续发展。

从“走和平发展道路的现代化”来认识中国式现代化的本质要求。推动构建人类命运共同体，是中国式现代化本质要求的重要内容。当前，世界百年未有之大变局加速演进，建设持久和平、共同繁荣的世界是各国人民的共同愿望。必须坚定站在历史正确的一边、站在人类文明进步的一边，高举和平、发展、合作、共赢旗帜，在坚定维护世界和平与发展中谋求自身发展，又以自身发展更好维护世界和平与发展。

世界上既不存在定于一尊的现代化模式，也不存在放之四海而皆准的现代化标准。推进中国式现代化也是创造人类文明新形态的过程。中国式现代化从人类文明发展的高度彰显本质要求和中国特色，彻底打破了现代化就是西方化的迷思，拓展了发展中国家走向现代化的途径，给世界上那些既希望加快发展又希望保持自身独立性的国家和民族提供了全新选择，为人类实现现代化提供了新的选择。

牢牢把握推进中国式现代化的重大原则

习近平总书记在党的二十大报告中强调：“从现在起，中国共产党的中心任务就是团结带领全国各族人民全面建成社会主义现代化强国、实现第二个百年奋斗目标，以中国式现代化全面推进中华民族伟大复兴。”我们党自成立以来，团结带领中国人民所进行的一切奋斗，就是为了把我国建设成为现代化强国，实现中华民族伟大复兴。前进道路上，要深入理解中国式现代化的本质要求，牢牢把握推进中国式现代化的重大原则，为全面推进中华民族伟大复兴提供坚强保障、凝聚强大合力。

坚持和加强党的全面领导，发挥中国式现代化的最大优势。中国共产党领导是中国特色社会主义最本质的特征，是中国特色社会主义制度的最大优势，是党和国家的根本所在、命脉所在，是全国各族人民的利益所系、命运所系。中国式现代化的本质要求，根植于党的全面领导这一最本质特征和最大优势。以中国式现代化全面推进中华民族伟大复兴，必须坚决维护习近平总书记党中央的核心、全党的核心地位，维护以习近平同志为核心的党中央权威和集中统一领导，把党的领导落实到党和国家事业各领域各方面各环节，使党始终成为风雨来袭时全体人民最可靠的主心骨，确保我国社会主义现代化建设正确方向，确保拥有团结奋斗的强大政治凝聚力、发展自信心，集聚起万众一心、共克时艰的磅礴力量。

坚持中国特色社会主义道路，牢牢把握中国式现代化的正确方向。中国特色社会主义道路，是创造人民美好生活、实现中华民族伟大复兴的康庄大道。坚持中国特色社会主义，是中国式现代化同西方现代化的根本区别。以中国式现代化全面推进中华民族伟大复兴，必须坚持以经济建设为中心，坚持四项基本原则，坚持改革开放，坚持独立自主、自力更生，坚持道不变、志不改，既不走封闭僵化的老路，也不走改旗易帜的邪路，坚持把国家和民族发展放在自己力量的基点上，坚持把中国发展进步的命运牢牢掌握在自己手中。

坚持以人民为中心的发展思想，始终明确中国式现代化的出发点和落脚点。实现人民对美好生活的向往，是我国社会主义现代化建设的出发点和落脚点。以中国式现代化全面推进中华民族伟大复兴，必须维护人民根本利益，增进民生福祉，不断实现发展为了人民、发展依靠人民、发展成果由人民共享，让现代化建设成果更多更公平惠及全体人民。

坚持深化改革开放，不断增强中国式现代化的动力。改革开放是党和人民大踏步赶上时代的重要法宝，是决定当代中国命运的关键一招。必须深入推进改革创新，坚定不移扩大开放，着力破解深层次体制机制障碍，不断彰显中国特色社会主义制度优势，不断增强社会主义现代化建设的动力和活力，把我国制度优势更好转化为国家治理效能。

坚持发扬斗争精神，凝聚中国式现代化的强大精神力量。敢于斗争、敢于胜利，是党和人民不可战胜的强大精神力量。当前，我们比历史上任何时期都更接近、更有信心和能力实现中华民族伟大复兴的目标。同时，前进道路上我们面临的风险考验只会越来越复杂，甚至会遇到难以想象的惊涛骇浪。必须不断增强全党全国各族人民的志气、骨气、底气，不信邪、不怕鬼、不怕压，知难而进、迎难而上，统筹发展和安全，全力战胜前进道路上各种困难和挑战，依靠顽强斗争打开事业发展新天地，不断夺取全面建设社会主义现代化国家新胜利。

中国式现代化在理论和实践上的创新突破 *

* 作者陈金龙，广东省习近平新时代中国特色社会主义思想研究中心华南师范大学基地特约研究员。

实现现代化是近代以来世界各国孜孜以求的目标。习近平总书记在党的二十大报告中指出:“在新中国成立特别是改革开放以来的长期探索和实践基础上,经过党的十八大以来在理论和实践上的创新突破,我们成功推进和拓展了中国式现代化。”深入理解和把握中国式现代化,坚持以中国式现代化推进中华民族伟大复兴,需要深刻认识中国式现代化在理论和实践上的创新突破,为全面建设社会主义现代化国家、实现中华民族伟大复兴提供理论支撑。

顺应共产党执政规律推进和拓展中国式现代化

习近平总书记在党的二十大报告中指出:“中国式现代化,是中国共产党领导的社会主义现代化”。在领导社会主义现代化建设的进程中,我们党确立社会主义现代化的目标任务和价值取向,充分发挥党总揽全局、协调各方的领导核心作用。中国共产党领导是中国式现代化道路得以形成和拓展的根本保证。

人民性是马克思主义最鲜明的品格,人民立场是马克思主义政党的根本政治立场。我们党来自人民、植根人民、造福人民,从诞生之日起就把为中国人民谋幸福、为中华民族谋复兴确立为自己的初心使命。习近平总书记强调:“我国现代化坚持以人民为中心的发展思想。”[①]这一重要论述深刻体现共产党执政规律的本质要求，阐明了中国式现代化的价值取向，彰显了我们党的根本政治立场。党的性质和宗旨、初心和使命决定了中国共产党领导的社会主义现代化坚持把人民利益放在首位，不断实现好、维护好、发展好最广大人民的根本利益，团结带领人民朝着实现中华民族伟大复兴的中国梦不断迈进。

马克思主义政党以实现人的自由全面发展和解放全人类为己任，实现这样的崇高使命必定要经历漫长的历史进程，需要划分若干发展阶段，针对不同阶段发展目标作出顶层设计。在长期执政条件下，围绕共同的、明确的发展目标一以贯之接续奋斗，深刻体现共产党执政规律，也是马克思主义政党长期执政相较于西方政党轮流执政的显著优势之一。在推进和拓展中国式现代化进程中，我们党顺应共产党执政规律，加强社会主义现代化建设的顶层设计，团结带领人民努力建设社会主义现代化国家。新中国成立后，从第一个五年计划到第十四个五年规划，从总体小康到全面小康，从“四个现代化”到全面建设社会主义现代化国家，一以贯之的主题就是把我国建设成为社会主义现代化国家。毛泽东同志在第一届全国人民代表大会第一次会议上致开幕词时强调：“准备在几个五年计划之内，将我们现在这样一个经济上文化上

①《习近平谈治国理政》第四卷，外文出版社2022年版，第123页。

落后的国家，建设成为一个工业化的具有高度现代文化程度的伟大的国家。”[①] 改革开放后，邓小平同志对我国社会主义现代化建设作出战略安排，提出“三步走”战略目标。随着社会主义现代化的推进，在解决人民温饱问题、人民生活总体上达到小康水平这两个目标已提前实现的基础上，我们党根据我国发展实际将党的奋斗目标凝练为“两个一百年”奋斗目标，这是中国式现代化目标集中而鲜明的体现。中国特色社会主义进入新时代，我们党对中国式现代化的认识不断深化。习近平总书记在党的十九大报告中对全面建成社会主义现代化强国作出战略部署，总的战略安排是分两步走：从 2020 年到 2035 年基本实现社会主义现代化；从 2035 年到本世纪中叶把我国建成富强民主文明和谐美丽的社会主义现代化强国。这一系列重大战略部署，丰富了社会主义现代化的内涵，明确了社会主义现代化的路径，也进一步深化了我们党对共产党执政规律的认识。

不断提高党的执政能力和领导水平，是共产党执政规律的内在要求。在推进和拓展中国式现代化进程中，我们党把提高党的执政能力和领导水平与推进社会主义现代化建设紧密结合起来。党的十八大以来，以习近平同志为核心的党中央在推进和拓展中国式现代化进程中，高度重视国家治理体系和治理能力现代

---

①《毛泽东文集》第六卷，人民出版社 1999 年版，第 350 页。

化。党的十八届三中全会把“完善和发展中国特色社会主义制度，推进国家治理体系和治理能力现代化”作为全面深化改革的总目标。党的十九届四中全会对坚持和完善中国特色社会主义制度、推进国家治理体系和治理能力现代化作出全面部署。将国家治理体系和治理能力现代化纳入社会主义现代化范畴，既为进一步加强党的执政能力建设作出重要探索和创新，也为推进和拓展中国式现代化提供了坚强保障。

顺应社会主义建设规律推进和拓展中国式现代化

习近平总书记指出：“中国式现代化既切合中国实际，体现了社会主义建设规律，也体现了人类社会发展规律。”[①] 顺应社会主义建设规律，从社会主义本质要求出发推进社会主义现代化建设，是中国式现代化的鲜明特征。

习近平总书记强调：“解放和发展社会生产力是社会主义的本质要求，是中国共产党人接力探索、着力解决的重大问题。”[②] 进入新时代，在以习近平同志为核心的党中央坚强领导下，我们党立足新发展阶段、贯彻新发展理念、构建新发展格局，推动高质量发展，赋予中国式现代化一系列新的特征。例如，中国式现

---

①《习近平谈治国理政》第四卷，外文出版社 2022 年版，第 150 页。
② 习近平：《论党的宣传思想工作》，中央文献出版社 2020 年版，第 328—329 页。

代化致力于推动物质文明、政治文明、精神文明、社会文明、生态文明协调发展。文明体系内部的协调和均衡是中国式现代化的重要特征，也是贯彻协调发展理念的重要成果。又如，中国式现代化是人与自然和谐共生的现代化，注重同步推进物质文明建设和生态文明建设，既满足人民日益增长的美好生活需要，又满足人民日益增长的优美生态环境需要。实现人与自然和谐共生是中国式现代化的重要特征，也是贯彻绿色发展理念的重要成果。这一系列新特征，从理论和实践上为建设社会主义现代化注入鲜明时代内涵。

共同富裕是社会主义的本质要求，在社会主义制度下，既要不断解放和发展社会生产力，不断创造和积累社会财富，又要防止两极分化。中国式现代化是社会主义现代化，是全体人民共同富裕的现代化，坚持以人民为中心的发展思想，自觉主动地解决地区差距、城乡差距、收入分配差距，促进社会公平正义，逐步实现全体人民共同富裕，坚决防止两极分化，鲜明体现了社会主义本质属性。进入新时代，以习近平同志为核心的党中央在推进和拓展中国式现代化进程中，进一步明确了推进共同富裕的目标。习近平总书记指出："要深入研究不同阶段的目标，分阶段促进共同富裕：到'十四五'末，全体人民共同富裕迈出坚实步伐，居民收入和实际消费水平差距逐步缩小。到 2035 年，全体人民共同富裕取得更为明显的实质性进展，基本公共服务实现均等化。到本世纪中叶，全体人民共同富裕基本实现，居民收入和实际消费水平差距缩小到合理区间。”[①] 在现代化进程中不断促进共同富裕，深刻体现中国式现代化的社会主义本质规定性，在理论和实践上深化和拓展了我们党对于社会主义建设规律的认识。

顺应人类社会发展规律推进和拓展中国式现代化

现代化的过程是人类社会发展、人类文明进步的过程。习近平总书记指出：“世界上既不存在定于一尊的现代化模式，也不存在放之四海而皆准的现代化标准。”[②] 中国式现代化顺应人类社会发展规律，坚持独立自主选择现代化道路，破解了人类社会发展的诸多难题，打破了“现代化就是西方化”的迷思。

人类历史上没有一个民族、一个国家可以通过依赖外部力量、照搬外国模式、跟在他人后面亦步亦趋实现强大和振兴。实现现代化的途径具有多样性，不同国家和民族应从自己的历史传统、现实国情出发进行选择，而不能将某一种现代化模式、现代化标准定于一尊、奉为圭臬，更不能以霸权手段将某种现代化模式强加于人。不同国家和民族现代化道路不同，文明形态也存在多样性。这种多样性是人类文明发展的基本特征，不同文明交流

---

①《习近平谈治国理政》第四卷，外文出版社 2022 年版，第 142 页。
②《习近平谈治国理政》第四卷，外文出版社 2022 年版，第 123 页。

互鉴推动人类文明发展进步符合人类社会发展规律。

我国是世界上最大的发展中国家，现实国情决定我国在迈向现代化的历史进程中，不可能照搬他人的现代化道路，而必须依据国情走自己的路，坚持把国家和民族发展放在自己力量的基点上、把中国发展进步的命运牢牢掌握在自己手中。正是将走自己的路作为党的全部理论和实践立足点，我们党领导人民成功走出了中国式现代化道路，创造了人类文明新形态。这一人类文明新形态，是坚持把马克思主义基本原理同中国具体实际相结合、同中华优秀传统文化相结合，在理论和实践探索中形成的伟大成果，丰富了人类文明迈向现代化的路径选择，拓展了发展中国家走向现代化的途径，为人类对更好社会制度的探索提供了中国方案。

和平与发展是全人类的共同愿望。中国式现代化走的是和平发展道路，倡导构建人类命运共同体。习近平总书记指出："中国决不会以牺牲别国利益为代价来发展自己。"[①] 中国式现代化摒弃了西方以资本为中心的现代化、两极分化的现代化、物质主义膨胀的现代化、对外扩张掠夺的现代化老路，破解了人类社会发展的诸多难题，为促进人类文明进步贡献了中国智慧和中国方案。

中国式现代化顺应共产党执政规律、社会主义建设规律、人类社会发展规律，在理论和实践上实现了一系列创新突破，为坚

① 习近平：《论坚持全面深化改革》，中央文献出版社 2018 年版，第 520 页。

持以中国式现代化推进中华民族伟大复兴提供了理论指引、注入了强劲动力，深刻影响世界现代化进程，展现了人类文明发展的光明前景。

中国式现代化及其规律性和多样性*

* 作者陈志刚，中国社会科学院马克思主义研究院习近平新时代中国特色社会主义思想研究部主任、研究员。

现代化是人类文明发展的趋势。马克思曾对不发达国家的现代化发展道路进行了不懈的理论探索，提供了重要的方法论启示。新中国成立以来，中国共产党人坚持马克思主义的立场、观点和方法，历尽艰辛，终于探索出一条中国特色社会主义现代化新路。70 多年来，中国从最开始的一穷二白到取得了经济快速发展和社会长期稳定的两大奇迹，成为世界第二大经济体，全面开启了社会主义现代化国家的新征程，这充分表明中国式现代化新路是正确的。这条新路既突破了马克思对社会主义的设想，也超越了西方的现代化道路，为不发达国家实现现代化提供了中国方案。中国式现代化道路深刻体现了现代发展的规律性和多样性、普遍性和特殊性的统一，拓宽了我们对社会主义建设规律和人类社会发展规律的认识。

规律性和多样性：
马克思对不发达国家现代化发展探索的启示

马克思认为，大工业“首次开创了世界历史”，促进了国家之间和个人之间的交往与联系，消灭了各国的闭关自守状态，也使不发达国家遭遇了资本主义现代性，使其发展受到后者的影响和制约。这种遭遇将产生什么后果，不发达国家是否要继续西方的现代化道路，还是有不同的选择？现代资本主义给不发达的东方送来的，究竟是文明的福音，还是灾难？马克思站在世界历史的高度对这些问题进行了思考。

马克思对这一问题的思考是一个不断深入的过程，大致以19世纪70年代为界，分为前后两个阶段。在前期，他主要从历史必然性的角度看，主张资本主义现代性对落后世界的统治，“使东方从属于西方”具有某种必然的合理性；在后期，他则认为，由于与发达国家的同时存在，在充分利用发达国家生产力发展成果的情况下，不发达国家的现代化道路可能存在另一种可能性，可以避免遭受资本主义的苦难。

第一，不发达国家无法逾越政治经济学的内在规律。在19世纪50年代，马克思曾经认为，亚细亚生产方式始终是“传统的、落后的和停滞的”，专制主义乃是亚洲和“东方”的“天然”状态和“统治模式”，如果不是“西方”资本主义的入侵，亚洲就会沉睡不醒、停滞不前。因此，英国和欧洲不得不承担推广文明的使命，把“资本主义的发展和传播”当作发达的西方给予人类的礼物而推广到东方。对印度的入侵只是英国传播文明的一种形式，由此带来的灾难是文明传播的一个正常代价，虽然有些伤感，却具有历史的正义性。

正因如此，针对英国对印度的殖民统治所带来的灾难，马克思认为，虽然不列颠人没有给印度民众带来解放，反而带来深重的灾难，但先进的资本主义生产方式淘汰落后的生产方式，瓦解印度种姓制度所凭借的传统分工，无疑是历史的进步。这种破坏性“不过是在广大范围内显示目前正在每个文明城市起着作用的政治经济学本身的内在规律罢了”[①]，是充当了历史的不自觉的工具，是在履行它们所肩负的“为新世界创造物质基础的使命”时所难以避免的代价。进一步说，在马克思看来，先进生产力战胜落后生产力，现代文明战胜传统文明，虽然会带来很多苦难，但这是历史发展的客观规律，只能顺应而无法拒绝。

然而，历史发展是复杂的。资本主义的全球扩张，导致了东方对西方的从属，但这并不意味着资本必然要按照其全部的面貌来改变世界。实际上，资本主义的发展在一定程度上是以非资本主义的存在为条件的，英国资本主义“它不仅没有对印度进行‘现代化’，反而在英国政府的帮助下把印度退回到了更为古老的非资本主义的形态。这种对印度社会进行‘传统化’的战略，被指责为通过牢固地确立甚至创造早已过时的地主—农民关系使得印度的经济与社会发展发生了倒退”[②]。即使是现在的印度，虽然被鼓吹为民主国家，但落后的种姓制度仍然存在。

第二，跨越资本主义卡夫丁峡谷和现代化发展道路的规律性、多样性。在马克思晚年，为了回答俄国著名女革命家维·伊·查苏利奇对俄国农村公社发展前途的询问，马克思对俄

---

① 《马克思恩格斯选集》第一卷，人民出版社 1995 年版，第 773 页。

② [加] 艾伦·伍德：《资本的帝国》，王恒杰等译，上海译文出版社 2006 年版，第 83 页。

国农村公社进行了细致的考察，提出了著名的跨越卡夫丁峡谷的思想，阐述了现代化发展道路多样性的宝贵思想，从而为落后国家提出了一种不同于西欧现代发展道路的可能性设想。

一方面，在深入研究的基础上，马克思认为俄国农村公社既可能重复也可能避免西欧的发展道路。马克思明确指出，他并没有把《资本论》中所描述的西欧资本主义的发展模式当作普世模式，试图提供一把解决历史发展问题的万能钥匙。在 1881 年给查苏利奇的复信中，马克思批判殖民当局为了扶植大土地所有制，打着“经济进步”的幌子，歪曲、诋毁并强制瓦解农村公社土地所有制的做法，认为这些做法给殖民地社会带来的不是进步而是深重的灾难。

另一方面，马克思认为，虽然公社的孤立性为专制制度提供了基础，但俄国农村公社已经不同于原始的公社，而具有两重性。公社存在私有制的因素，如房屋的私有、耕地的小块耕种和产品的私人占有，使人们的个性获得一定程度的发展；而最重要的耕地仍然公有，这又为社员之间的平等关系提供了保障。这种两重性使俄国农村公社面临着两个不同的发展方向，要么是私有制因素战胜公有制因素，要么相反。马克思认为，“农业公社制度所固有的这种二重性能够赋予它强大的生命力”，“这种二重性也可能逐渐成为公社解体的萌芽”。[1] 马克思并没有把西欧的道路强加于俄国，也没有像民粹派那样认为公社的公有制因素可以自然生长出共产主义，而仅仅从历史唯物主义出发强调：“先验地说，两种结局都是可能的，但是，对于其中任何一种，显然都必须有完全不同的历史环境。一切都取决于它所处的历史环境。”[2] 马克思认为，由于和控制着世界市场的西方生产同时存在，俄国农村公社的公有制因素有可能成为未来共产主义的起点、支点，不通过资本主义的卡夫丁峡谷就可以发展，不必自杀就可以获得新生。

而获得新生的前提条件是必须砍断伸向公社的魔爪，并利用机器大生产对公社进行物质改造。所以，马克思认为，“要挽救俄国公社，就必须有俄国革命”[3]，并且必须有西方无产阶级革命的支持，二者缺一不可、互相补充。如果没有西方无产阶级革命的胜利以及胜利后的先进技术支持，仅凭农村公社本身则不能内在地发展出生产力发达的共产主义。

显然，马克思对于俄国农村公社问题的思考并没有把政治经济学的原理教条化、简单化，而是综合了人类学和世界历史视野的广阔性，立足俄国农村公社与原始公社的特殊性，提出了不发达国家现代化发展道路的多样性及其在选择历史发展道路上的

---

① 《马克思恩格斯文集》第三卷，人民出版社 2009 年版，第 586 页。
② 《马克思恩格斯文集》第三卷，人民出版社 2009 年版，第 574 页。
③ 《马克思恩格斯文集》第三卷，人民出版社 2009 年版，第 582 页。

平等性问题。当然，马克思也没有像民粹派那样否认政治经济学的规律，认为公社的公有制因素可以自然地生长出共产主义。相反，马克思认为，只有在政治经济学规律发挥作用的情况下，即在历史成为世界历史的情况下，俄国农村公社在得到西方先进生产力支持的前提下，才能成为未来共产主义的起点，从而为经济文化落后国家走向现代化指明了另一条道路。

概言之，不发达国家只有在开放中、在积极利用发达国家先进成果的基础上，才能实现生产力和生产关系的跨越，才能避免或者缩短资本主义的苦难。俄国农村公社的跨越是以世界历史中存在更高的生产力、更高的社会形态为前提的，是以世界历史的不可跨越为前提的。所以，正是由于交往的影响和“历史正在向世界历史转化”，单个国家在发展道路上面临着比以前更多的选择，在遵循政治经济学内在规律的基础上，可以呈现出一定的特殊性、多样性。总而言之，马克思晚期对不发达国家发展道路的思考，并没有颠覆，而是进一步补充、丰富了其早期的结论。

中国式现代化的开拓创新

新中国成立以来，中国共产党人坚持马克思主义的立场、观点和方法，历尽艰辛，终于探索出一条中国特色社会主义现代化新路。新中国成立和社会主义制度的建立，开启了中国现代化建设的新纪元。经济文化落后的国情以及发达资本主义国家对中国的长期遏制，决定了中国的社会主义现代化建设不能照搬马克思主义的“本本”，而必须在坚持马克思主义指导的同时，从中国的实际出发，走自己的路，建设中国式的现代化。70多年来，我们坚持把马克思主义和不断发展的中国实际与时代特征相结合，不断深化对现代化发展规律的认识，使中国式现代化不断开拓新局面。

第一，奠定“向四个现代化前进的阵地”，实现“站起来”的伟大飞跃。新中国成立以后，由于西方发达国家的敌视和遏制，面临着被开除“球籍”的危险。因此，以毛泽东为核心的党的第一代领导集体，高度重视现代化建设问题，为实现“站起来”的伟大飞跃，进行了有益的探索。

首先，高度重视现代化建设对于民族独立、国家富强的重要意义。马克思主义认为，经济基础决定上层建筑，社会主义只有建立在先进的生产力基础之上才能巩固。早在革命时期，毛泽东就提出，现代工业对于中华民族独立具有重要意义。“要中国的民族独立有巩固的保障，就必需工业化”[①]，而“没有独立、自由、民主和统一，不可能建设真正大规模的工业”[②]。因此，社会主义制度建立以后，毛泽东明确指出，社会主义制度要完全巩固，“必

①《毛泽东文集》第三卷，人民出版社1996年版，第146页。
②《毛泽东选集》第三卷，人民出版社1991年版，第1080页。

须实现国家的社会主义工业化”[1]。否则，挨打就是不可避免的。所以，“中国民族和人民要彻底解放，必须实现国家工业化”[2]。

其次，明确提出四个现代化建设的宏伟蓝图。为了改变落后的农业国地位，避免陷入挨打局面，毛泽东明确提出要把我国“建设成为一个工业化的具有高度现代文化程度的伟大的国家”[3]。1964 年底，周恩来在第三届全国人大一次会议的政府工作报告中，向全国人民正式提出了实现“四个现代化”的宏伟目标，要求建设“现代农业、现代工业、现代国防和现代科学技术的社会主义强国”。从此“四个现代化”的目标广为传颂，激励着一代又一代人为之奋斗。

再次，制定“两步走”的现代化赶超战略。毛泽东认为，实现现代化的赶超必须辩证地看问题，既要有信心实现赶超，又要充分考虑到经济落后带来的困难。因此他冷静地指出：“社会主义和资本主义比较，有许多优越性，我们国家经济的发展，会比资本主义国家快得多。可是，中国的人口多、底子薄，经济落后，要使生产力很大地发展起来，要赶上和超过世界上最先进的资本主义国家，没有一百多年的时间，我看是不行的。”[4] 为了实现这个百年目

---

① 《毛泽东文集》第七卷，人民出版社 1999 年版，第 268 页。
② 《毛泽东文集》第六卷，人民出版社 1999 年版，第 223 页。
③ 《毛泽东文集》第六卷，人民出版社 1999 年版，第 350 页。
④ 《毛泽东文集》第八卷，人民出版社 1999 年版，第 31 页。

标，在1963年9月召开的中共中央工作会议上，毛泽东提出了“分两步走”的设想：第一步，建立一个独立的、比较完整的工业体系和国民经济体系，使我国工业大体接近世界先进水平；第二步，使我国工业走在世界前列，全面实现农业、工业、国防和科学技术现代化。

最后，坚持自力更生为主、争取外援为辅的实现现代化的方针。发达资本主义国家对中国的敌视、遏制和技术封锁，使得中国的现代化难以获得马克思设想的西方发达国家在先进技术上的大力支持，再加上这一时期中苏关系的紧张和苏联专家的撤离，使得中国不得不坚持自力更生、自主创新。毛泽东认为，民族独立是民族发展的前提，中华民族发展的命运必须掌握在自己手里，因此，他坚决维护中国主权的独立，反对依赖外国，反对苏联对中国农业国的安排，要求建立我们自己的工业体系。正是因为新中国坚持自力更生，发挥集中力量办大事的优势，取得了“两弹一星”等尖端技术的自主创新，打破了少数国家的核垄断、核讹诈，极大地提高了我国的国际地位，为中国的和平发展环境提供了有力保障。

在社会主义建设时期，毛泽东明确提出了要把马克思主义基本原理和中国实际进行第二次结合的重要思想，并在政治经济方面进行了有益的创新探索。在毛泽东的领导下，我们在一穷二白的基础上，以国家计划为主导，坚持重工业优先发展带动农业和轻工业的模式，现代化建设取得了巨大的成就。我们在工农业和科学技术方面打下了一个初步的基础，“有了一个向四个现代化前进的阵地”[①]。1950—1977 年，我国工业产值以年均 13.5% 的速度增长，从一个落后的农业国变成了一个初具规模的工业国，建立了独立的比较完整的工业体系和国民经济体系。在“两弹一星”等国防尖端科技方面实现了重大突破，维护了国家主权的独立和完整，摘掉了“东亚病夫”的帽子，真正站起来了。

第二，开辟中国特色社会主义道路，实现“富起来”的伟大飞跃。党的十一届三中全会以后，在科学研判国情与时代主题的基础上，邓小平作出了改革开放的战略抉择，重新回到以经济建设为中心的正确轨道，开辟了中国特色社会主义道路，开拓了“中国式的现代化”[②] 的新阶段。江泽民、胡锦涛领导人民接续奋斗，坚持中国式的现代化道路，不断丰富发展现代化的新定位、新部署、新目标，取得了举世瞩目的成就。

首先，把社会主义和市场经济相结合，开拓现代化的新动力、新路径。改革开放实现了所有制结构由单一的公有制向多种所有制转变，社会主义计划经济向社会主义市场经济的转变，极大地解放了生产力，使中国的现代化获得了更加强劲的动力。把社会主义和

①《邓小平文选》第二卷，人民出版社 1994 年版，第 232 页。
②《邓小平文选》第三卷，人民出版社 1993 年版，第 29 页。

市场经济结合起来，是中国共产党的一个伟大创造，极大地突破了马克思对未来社会的设想，开拓了中国现代化发展的新路径。

其次，接通世界文明发展的大道，在高起点上实现现代化。对外开放的实行，特别是加入世界贸易组织，是中国顺应经济全球化的内在要求，使中国的现代化走出了半封闭的圈子，走上了世界文明发展的大道。一方面，对外开放促进了技术交流，使得我们有更多机会吸收国外的一些先进技术，从而“把世界上一切先进技术、先进成果作为我们发展的起点”[①]。另一方面，对外开放也强化了我们的竞争意识、忧患意识，要求我们在国际竞争中不断提升现代化水平，促进生产和技术的变革。

再次，立足实际，积极推进递进发展的现代化战略部署。社会主义初级阶段国情决定了中国的现代化不能好高骛远、盲目跃进。为此，邓小平以更加务实的态度，提出了由温饱到小康，再到基本实现现代化的“三步走”递进发展战略。在完成前两步的基础上，党的十五大又对第三步发展战略进行了细化，提出了“小三步”的新思路，由一个百年目标拓展到两个百年目标，从而为基本实现现代化的美好理想铺就了更加科学、扎实和催人奋进的台阶。不仅如此，自从邓小平在改革开放初期把小康作为“中国式的现代化”提出来以后，小康就一直成为几代中国共产党人接续

①《邓小平文选》第二卷，人民出版社 1994 年版，第 111 页。

奋斗的目标，而且其标准也在提高，从小康到全面建设小康，再拓展到全面建成小康，指引着中国人民不断奋勇前进。

最后，不断丰富和拓展现代化的内涵和外延。随着经济社会的发展，人民群众对现代化认识也不断发展，要求也不断增加，由最初的两个文明、两位一体拓展到“富强民主文明”三位一体，“富强民主文明和谐”四位一体，再到党的十九大提出“富强民主文明和谐美丽”五位一体的社会主义建设总体布局。这种拓展充分反映了中国共产党人对马克思主义关于人的自由全面发展思想的遵循和深化。

改革开放使中国发生了翻天覆地的变化，在成功开辟和坚持发展中国特色社会主义道路的基础上，我国的现代化走上了快速发展的轨道，从落后时代、赶上时代到引领时代。人民生活从不能解决温饱到奔向全面小康，国家面貌从封闭半封闭到成为全面开放，经济总量跃升为世界第二大经济体，实现了“富起来”的伟大飞跃。

第三，开拓新时代新征程，迎来“强起来”的伟大飞跃。党的十八大以后，中国特色社会主义进入了新时代，以习近平同志为核心的党中央面对中华民族伟大复兴的战略全局和世界百年未有之大变局，提出了一系列新理念、新思想、新战略，取得了决胜全面建成小康社会的伟大胜利，开启了全面建设社会主义现代化国家的新征程，迈进了现代化发展的新阶段，迎来了“强起来”的伟大飞跃。

首先，坚持“四个全面”战略布局，建设社会主义现代化强国。

党的十八大以来，以习近平同志为核心的党中央，不但强调坚持“五位一体”的社会主义现代化建设总体布局，并且提出了“四个全面”战略布局的新思想和新发展理念，这为现代化建设提供了重要保障和指导。在党的十九大上，习近平还立足我国经济快速发展的实际，重新把建设社会主义现代化强国作为我们的宏伟蓝图，还继续坚持科学规划、逐步推进的原则，勾画了“两步走”的新部署。

其次，切实推进自主创新战略，确定创新在我国现代化建设全局中的核心地位。面对中华民族伟大复兴的战略目标，为了解决我国核心技术受制于人的短板，以习近平同志为核心的党中央提出必须实施自主创新发展战略加以应对。习近平指出：“实施创新驱动发展战略决定着中华民族前途命运。没有强大的科技，‘两个翻番’、‘两个一百年’的奋斗目标难以顺利达成，中国梦这篇大文章难以顺利写下去，我们也难以从大国走向强国。”[①] 2016 年 5 月，中共中央、国务院印发《国家创新驱动发展战略纲要》，对我国实现创新驱动发展进行顶层设计和整体部署，提出了把我国在 21 世纪中叶建成世界科技强国的“三步走”战略目标。而要实现自主创新，就“要把科技创新搞上去，就必须建设一

① 中共中央文献研究室编：《习近平关于社会主义经济建设论述摘编》，中央文献出版社 2017 年版，第 128 页。

支规模宏大、结构合理、素质优良的创新人才队伍”①。为此，党的十九届五中全会明确提出：“坚持创新在我国现代化建设全局中的核心地位，把科技自立自强作为国家发展的战略支撑，面向世界科技前沿、面向经济主战场、面向国家重大需求、面向人民生命健康，深入实施科教兴国战略、人才强国战略、创新驱动发展战略，完善国家创新体系，加快建设科技强国。”

再次，提出国家治理体系和治理能力现代化的新命题新要求。历史唯物主义告诉我们，人类社会是一个有机体，必须系统推进。党的十八大以来，以习近平同志为核心的党中央不仅深入推进现代化经济体系建设，还明确把国家治理体系和治理能力现代化纳入了全面深化改革的总目标。党的十八届三中全会明确提出，全面深化改革的总目标是完善和发展中国特色社会主义制度，推进国家治理体系和治理能力现代化。这个新命题的提出意味着现代化建设不能只是着眼于市场体制的变革，或者只是关注以简单的选举民主为主要内容的民主化，而必须着眼于生产力和生产关系、经济基础和上层建筑的全面变革。

再其次，进一步定位市场和政府的关系，为中国式现代化发展确定了双轮驱动体制。党的十八届三中全会对市场在资源配置

---

① 中共中央文献研究室编：《习近平关于社会主义经济建设论述摘编》，中央文献出版社 2017 年版，第 129 页。

中的作用进行了新定位，由基础性作用改为决定性作用，强调既要发挥市场这只“看不见的手”的微观引导作用，也要发挥政府这只“看得见的手”的宏观调控作用。对政府和市场关系的新定位，形成了相互补充、相互协调、相互促进的现代化双轮驱动体制，从而确保现代化建设既有力又有序，真正做到行稳致远。

最后，开拓现代化发展的新阶段。随着决胜全面小康任务的完成，中国的现代化进入了一个新发展阶段，开启了全面建设社会主义现代化国家的新征程。以习近平同志为核心的党中央立足新发展阶段的新矛盾、新挑战以及世界百年未有之大变局，明确强调要以新发展理念引领高质量发展，构建以国内大循环为主体和国内国际双循环相互促进的新发展格局，这极大地深化了中国式现代化发展的理念，调整了现代化发展的思路。

概括地说，中国特色社会主义进入新时代，面对着国内国际形势的新变化，面对全面深化改革的重任，我国现代化发展形成了新理念、新思路，提出了新目标、新部署，迈进了新阶段，丰富发展了社会主义建设规律和现代化发展规律的认识。

中国式现代化的本质特征及其规律性和多样性的统一

我国 70 多年的现代化发展历程充满曲折，充满辉煌。我们始终坚持把马克思主义的基本原理和中国不断发展的实际相结合，走中国特色的社会主义现代化道路，不断深化对现代化建设规律的认识，不断开拓新的局面，取得了经济快速发展和社会长期稳定的奇迹。我们必须深刻把握中国式现代化的本质特征，既具有特殊性、多样性，也具有普遍性和规律性。

第一，深刻把握中国式现代化的超越性和特殊性、多样性。70 多年来，中国式现代化之所以能够成功，就在于几代中国共产党人一直努力地、自觉地探索和坚持中国式现代化新路。这条新路既以马克思主义为指导，又坚持走自己的路，不断发展马克思主义；既承载着中华民族的千年梦想，又立足当代实际；既借鉴了人类文明发展的成果，又超越西方的现代化道路，与西方的现代化道路具有本质的区别。

首先，中国式现代化是社会主义现代化，是以人民为中心的现代化，而不是资本主义现代化或以资本为中心的现代化。邓小平明确指出："现在我们搞四个现代化，是搞社会主义的四个现代化，不是搞别的现代化。"[1] 中国式现代化的社会主义性质就体现在我们始终坚持公有制为主体不动摇，坚持按劳分配为主体不动摇。中国式现代化体现了科学社会主义的基本原则，一切从社会主义初级阶段的实际出发来制定我们的政策，敢于突破马克思的个别论断，不断发展马克思主义。党的十九届四中全会明确指出：

① 《邓小平文选》第三卷，人民出版社 1993 年版，第 110 页。

我国经济制度具有“坚持公有制为主体、多种所有制经济共同发展和按劳分配为主体、多种分配方式并存，把社会主义和市场经济有机结合起来，不断解放和发展社会生产力的显著优势”。正是这种显著优势使得中国式现代化取得了举世瞩目的成就。

其次，从发展进程来说，中国式现代化是并联式的，而不是串联式的。习近平明确指出：“西方发达国家是一个‘串联式’的发展过程，工业化、城镇化、农业现代化、信息化顺序发展，发展到目前水平用了二百多年时间。我们要后来居上，把‘失去的二百年’找回来，决定了我国发展必然是一个‘并联式’的过程，工业化、信息化、城镇化、农业现代化是叠加发展的。”[①] 中国的赶超战略以及对西方的学习借鉴，使得中国并没有亦步亦趋，没有完整地一个接一个地经历西方现代化发展的所有阶段，而具有鲜明的压缩性、并联式发展的特点，从而用短短 70 多年的时间走完了发达国家 200 多年走过的发展历程。

再次，从现代化建设的内容来看，中国式现代化是坚持全面发展、全面进步的现代化，而西方的现代化，特别是早期的现代化，则是单维的。包括马克思、马尔库塞在内的许多理论家曾批判西方早期的现代化造就了异化的、单维的人：一极是财富的积累，一极是贫困的积累；一极是物质文明的发展，一极是信仰缺

① 《邓小平文选》第三卷，人民出版社 1993 年版，第 110 页。

失、价值式微，“一切神圣的东西都被亵渎了”[①]。而中国共产党所推动的现代化则既强调物质文明精神文明共同发展、经济社会协调发展，又强调人与自然的和谐共生。尤其是党的十八大以来，以习近平同志为核心的党中央不断深化对人类文明发展规律和社会主义建设规律的认识，坚持“五位一体”的总体布局和“四个全面”的战略布局，“促进现代化建设各个方面、各个环节相协调”[②]，展示了一个富强民主文明和谐美丽的社会主义现代化强国的光明前景。党的十九届五中全会系统地为我们擘画了一个全面建设社会主义现代化国家的新蓝图：我们不但要实现新型工业化、信息化、城镇化、农业现代化，建成现代化经济体系，而且要积极推进国家治理体系和治理能力的现代化；不但要建设创新型国家，还要建成法治国家、法治政府、法治社会，建成文化强国、教育强国、人才强国、体育强国、健康中国、平安中国。

最后，中国式现代化不是对外掠夺的现代化，而是走和平发展道路的现代化。西方的现代化是代表少数大资产阶级利益的，既剥削国内的无产阶级，也大肆掠夺压榨殖民地。虽然在今天，西方发达国家因为亚非拉国家的独立解放已经放弃昔日赤裸裸的殖民掠夺方式，但他们构建的不公平的世界政治经济秩序，依

---

① 《马克思恩格斯文集》第二卷，人民出版社 2009 年版，第 34—35 页。

② 中共中央文献研究室编：《习近平关于社会主义经济建设论述摘编》，中央文献出版社 2017 年版，第 4 页。

然使得广大发展中国家处于不利地位。而新中国自成立以来，就信奉和平共处五项原则。当前我们虽然正在从大国走向强国，不断走近世界舞台的中央，但中国的崛起是和平崛起，并不认同“国强必霸”的陈旧逻辑。走和平发展道路，是我们党根据时代发展和我国根本利益作出的战略抉择，也是中国特色社会主义现代化的本质要求。中国是世界经济发展的引擎，对全球经济增长的贡献超过 30%。中国是维护世界和平发展的重要力量。中国提出的“一带一路”倡议和人类命运共同体理念得到国际社会的广泛认同。

概言之，正如习近平所说：“当代中国的伟大社会变革，不是简单延续我国历史文化的母版，不是简单套用马克思主义经典作家设想的模板，不是其他国家社会主义实践的再版，也不是国外现代化发展的翻版，不可能找到现成的教科书。”① 中国式现代化实践充分表明，现代化并不只有西方一种模式。“世界上没有放之四海而皆准的具体发展模式，也没有一成不变的发展道路。历史条件的多样性，决定了各国选择发展道路的多样性。”②

第二，中国式现代化新路在立足中国实际、具有其特殊性和多样性的同时，也深刻体现了社会发展的普遍性和规律性。

---

① 《习近平谈治国理政》第二卷，外文出版社 2017 年版，第 344 页。

② 中共中央文献研究室编：《十八大以来中央文献选编》（上），中央文献出版社 2014 年版，第 699 页。

首先，中国式现代化深刻体现了人类社会发展的客观规律。生产力和生产关系、经济基础和上层建筑的矛盾运动规律是人类社会发展的普遍规律。改革开放以来，我国坚持以公有制为主体、多种所有制经济共同发展和按劳分配为主体、多种分配方式并存，把社会主义和市场经济有机结合起来，这是我们立足社会主义初级阶段的基本国情而作出的科学决策，极大地解放和发展生产力，体现了马克思所说的政治经济学内在规律的不可逾越性。新时代，我们党提出全面深化改革，核心就是要立足经济发展新常态，调整生产关系中不适应生产力发展的内容，不断解放和发展社会生产力，满足人民日益增长的美好生活需要。我们还积极推进党和国家机构等上层建筑的改革，推进国家治理体系和治理能力现代化，也是为了使上层建筑更好地适应、促进生产力和生产关系的发展。

其次，中国式现代化的长期实践成效无可辩驳地证明了其普遍性、规律性。实践是检验真理的唯一标准。一种现代化模式是否正确不能简单地用理论来进行先验的判断，而必须用实践来检验，用长期的实践成效来检验。“鞋子合不合脚，只有自己才知道。”一种现代化模式，成不成功，别人说了不算，本国人民才最有发言权。概言之，任何事件，其覆盖的对象越多，影响的空间越大，经历的时间越长，成效越显著，它所包含的普遍性、真理性就越强。反之，其普遍性、真理性就越弱。中国式现代化覆盖了

14 亿人口，超过所有西方发达国家的人口总和；覆盖 960 万平方公里的广泛国土，远远超过在某几个小国或城市国家中总结出来的理论起作用的范围；持续了 70 多年的时间，远远超过只是短期发挥作用的理论；而且取得了经济快速发展和社会长期稳定的奇迹。这充分证明中国式现代化发展道路具有了规律性、普遍性。否则，它就不可能长期起作用，也不可能在广大的空间范围起作用。

最后，西方的种种现代化理论对中国预测的失效从反面证明了我们必须坚持走中国式的现代化道路，而不能照搬西方的现代化理论。自新中国成立以来，西方预测中国崩溃的观点就不绝于耳。中国不但没有崩溃，而且战胜了各种风险挑战，取得了举世瞩目的成就。2008 年以来的世界经济危机，对西方国家的经济发展造成巨大冲击。西方的种种现代化理论并不能从根本上解决资本主义所固有的经济危机顽症，甚至很多西方国家至今仍然一筹莫展，没有走出经济危机的阴影。不仅如此，一些发展中国家照搬西方的政治制度和政党制度，也没有带来福音，而是陷入了政治动荡、经济停滞、社会分裂、民族冲突、战乱频仍之中。正反两方面的经验充分说明，西方的种种现代化发展理论解释力低下，并没有把握现代化发展的本质，它既不能为西方的发展开出良方，也不能为发展中国家提供切实可行的指导，更不能解释中国。而只有不断发展的马克思主义中国化理论，才为中国的现代化发展指引了一条正确的道路。作为当代中国马克思主义、21世纪马克思主义，习近平新时代中国特色社会主义思想丰富发展了我们对社会主义建设规律、人类社会发展规律的认识，为我们实现中华民族的伟大复兴提供了行动指南。

总之，马克思关于不发达国家跨越发展的理论探索和中国的现代化实践都充分表明，现代化发展道路必须坚持规律性和多样性、普遍性和特殊性的统一。现代化是一个系统工程，是全面的现代化，只有坚持全面发展、全面进步，适应生产力和生产关系、经济基础和上层建筑矛盾运动的规律，遵循政治经济学的内在规律，才能取得成效。不发达国家实现现代化跨越发展的道路具有多样性，必须从本国的历史文化、经济发展阶段的实际出发，走自己的路。中国是第二次世界大战以来既保持独立又获得发展的屈指可数的几个发展中国家之一。中国现代化的显著成就充分证明，中国式现代化不仅具有特殊性、多样性，也具有规律性和普遍性。我们必须保持战略定力，坚定不移地走中国特色的社会主义现代化道路，深刻把握新发展阶段的新特征、新挑战，不断开拓新局面，实现中华民族的伟大复兴。任何事物都是特殊性和普遍性的统一，不能以其特殊性否定普遍性，也不能以普遍性否定其特殊性。中国式现代化无疑为广大发展中国家实现现代化提供了中国方案，但这种方案只能借鉴、不能照搬。

中国的现代化，如何两步并作一步走 *

* 本文摘自《瞭望》新闻周刊 2021 年第 9 期。

现代化作为一种世界现象和国际潮流，大致起步于18世纪，扩散于19世纪，流行于20世纪和21世纪。中国现代化是世界现代化的组成部分，但中国现代化起步比西方先行国家晚了约一百年，属于后发追赶型现代化。

现代化承载着中国几代人的梦想。2021年，我国将在全面建成小康社会基础上开启全面建设社会主义现代化国家的新征程。

社会各界普遍关心的是，什么是现代化，什么是现代化国家，中国现代化水平有多高，如何实现现代化。就此，《瞭望》新闻周刊采访了我国现代化研究领域首家跨学科、专业性和综合性的国家科研机构——中国科学院中国现代化研究中心，以中国视角对现代化进行解读。

现代化是追赶、达到和保持世界前沿水平的行为和过程

作为新现代化研究的代表，中国科学院中国现代化研究中心的科研团队认为，现代化既是一种世界现象，又是一种文明进步，也是一个发展目标。

作为一种现象，现代化是18世纪工业革命以来人类发展的世界前沿，以及追赶、达到和保持世界前沿水平的行为与过程。其中，发达国家要保持世界前沿水平，发展中国家要追赶世界前沿水平。

形象地说，现代化犹如一场人类发展的国际马拉松比赛，跑在前面的成为发达国家，跑在后面的成为发展中国家。这场比赛中，发达国家可以掉下来，发展中国家也可以赶上去，位置转换有一定规律性。研究发现，在20世纪后50年，发达国家掉下来的比例约为10%，发展中国家赶上去的比例约为5%。

作为一种文明进步，现代化是从传统文明向现代文明的范式转变，以及人的全面发展和自然环境的合理保护。现代化包括五种转变，即从传统经济到现代经济、从传统社会到现代社会、从传统政治到现代政治、从传统文化到现代文化、从传统人到现代人的转变。

如果把传统社会分为原始社会、农业社会两个阶段，把现代社会分为工业社会、知识社会两个阶段，那么现代化可以分为第一次现代化和第二次现代化两个阶段。第一次现代化是从农业社会向工业社会的转变，第二次现代化则是从工业社会向知识社会的转变。自20世纪60年代以来，发达国家先后完成第一次现代化，建成发达工业社会，并启动第二次现代化，开始向知识社会迈进；而绝大多数发展中国家第一次现代化尚未完成，因而面临两次现代化的双重挑战。

自20世纪50年代以来，在许多国家、地区和许多领域，现代化都被当作一个发展目标。其中，已经实现现代化的国家和地区的目标是保持现代化水平；尚未实现现代化的国家和地区的目标是早日实现现代化；已经达到现代化水平的领域和方面要继续保持，尚未达到现代化水平的领域和方面要继续努力，争取早日达到。

目前，世界上绝大多数国家都在自觉或不自觉地开展现代化建设，都在直接或间接地把实现现代化作为一种国家发展目标。

什么样的国家是现代化国家

现代化国家是基于现代化指数的一种国家分类，是指国家现代化水平达到世界先进国家的水平。

迄今，中国科学院中国现代化研究中心已完成 1950—2017 年世界人口超过百万的 131 个国家（覆盖全球 96% 的人口）的现代化水平评价，并提出了世界现代化指数（第一次现代化指数、第二次现代化指数和综合现代化指数）和现代化国家的分类标准。

现代化国家有三个标准。一是定量标准：国家现代化指数要达到或超过高收入国家平均值的 80%，60% 的现代化指标的水平要达到发达水平，关键现代化指标的平均水平要达到发达水平。二是排名标准。现代化指数、关键现代化指标的排名要进入世界前 20 位。三是定性标准。经济、社会、政治、文化、生态和人六个领域的现代化都要达到世界先进水平。其中有三个方面非常关键，即先进生产力、社会公平进步和人的全面发展。它们都必须达到世界先进水平。

现代化国家有三个特点。一是数量比较少。过去300年里，发达国家的比例不超过20%；过去50年里，现代化国家的比例约为13%～15%。《中国现代化报告2020》发现，2017年现代化国家只有20个，分别是丹麦、瑞典、瑞士、荷兰、美国、比利时、新加坡、德国、挪威、芬兰、爱尔兰、法国、英国、日本、奥地利、澳大利亚、韩国、以色列、加拿大和新西兰。二是具有两个稳定性：比例稳定，过去50年现代化国家占全部国家的比例在13%～15%；地位稳定，过去50年现代化国家保持现代化水平的比例是90%。三是它们处于国际分工的高端。目前，现代化国家是“头脑型国家”“创新型国家”“知识型国家”等。

中国现代化的定量目标是，按照党的十九大提出的现代化建设的“两步走”战略安排，我们需要在2035年前后基本实现现代化，国家现代化水平进入世界前40位，步入中等发达国家行列；在2050年前后，全国平均实现现代化，国家现代化水平进入世界前20位，步入发达国家行列。

中国的现代化处于什么水平

中国现代化是世界现代化的重要组成部分，分析中国在世界体系中的相对水平和国际地位，可大致反映中国现代化的基本情况。

中国大约从1840年开始进行现代化探索，比西方先行国家晚了约一百年。中国现代化进程大致经历了三个发展阶段：清朝末年现代化起步、民国时期局部现代化和新中国的全面现代化。

在过去的近两百年里，中国人民虽历经坎坷，但奋勇前行，正在实现由站起来、富起来到强起来的历史飞跃。中国的第一次现代化已经完成99%，基本完成了工业化，第二次现代化约为发达国家水平的44%。未来30年，中国将按照“两步走”战略部署，先升级为中等发达国家，基本实现现代化；再升级为发达国家，进入现代化国家行列，建成现代化强国。

大体而言，中国现代化的平均水平与中等发达国家水平的差距较小，但是与发达国家水平的差距仍然较大。

这里按照世界银行的最新统计数据进行分析对比。

一、经济领域。在收入水平方面，2019年，中国人均国民收入为10410美元，在全球人口超过百万的131个国家中排名第44位；美国为65850美元，排名第3位；意大利为34530美元，排名第20位。高收入国家的平均值为45353美元。在经济质量方面，2017年，中国劳动生产率为27645国际美元（PPP）a，排名第70

① 国际美元是一种在美国和给定时间点同美元具有同等购买力的假定货币，由购买力平价（purchasing power parity，简称PPP）学说和国际商品均价理论发展而来。——编者注

位；美国为 112667 国际美元（PPP），排名第 6 位；高收入国家平均为 92914 国际美元（PPP）。

二、社会领域。在城镇化建设方面，2019 年，中国的城市人口比例为 60.3%，美国为 82.5%，日本为 91.7%，高收入国家平均为 81.2%。在教育投入方面，2017 年，中国人均公共教育经费为 364 美元，美国为 2731 美元，英国为 2254 美元，高收入国家平均为 2748 美元。

三、文化领域。在创新投入方面，2017 年，中国人均研发经费为 186 美元，美国为 1679 美元，日本为 1228 美元，高收入国家平均为 1090 美元。2017 年，中国研发人员比例为 12.3 人 / 万人，美国为 42.6 人 / 万人，日本为 53 人 / 万人，高收入国家平均为 42 人 / 万人。在创新产出方面，2017 年，中国人均知识产权出口为 3.5 美元，美国为 389.1 美元，日本为 329.1 美元，英国为 378.2 美元，高收入国家平均为 293 美元。

四、环境领域。在环境质量方面，2017 年，中国 PM2.5 年均浓度为 52.7 微克 / 立方米，美国为 7.4 微克 / 立方米，日本为 11.7 微克 / 立方米，英国为 10.5 微克 / 立方米，高收入国家平均为 14.7 微克 / 立方米。在能源利用方面，2017 年，中国能源使用效率为 3.4 美元 / 千克石油当量，美国为 8.3 美元 / 千克石油当量，日本为 10.1 美元 / 千克石油当量，英国为 16.3 美元 / 千克石油当量，高收入国家平均为 8.7 美元 / 千克石油当量。

五、生活质量。在家庭收入方面，2017 年，中国家庭人均可支配收入为 3843 国际美元（PPP），美国为 40038 国际美元（PPP），日本为 26558 国际美元（PPP），英国为 25184 国际美元（PPP），高收入国家平均为 32905 国际美元（PPP）。在健康方面，2017 年，中国营养不良人口比例为 8.6%，美国、日本、英国均为 2.5%，高收入国家平均为 2.7%。2018 年，中国人均预期寿命为 76.7 岁，美国为 78.5 岁，日本为 84.2 岁，英国为 81.3 岁，高收入国家平均为 80.1 岁。

现代化有哪些规律

世界范围的国家现代化是一个长期的复杂过程。在过去 300 年里，世界现代化积累了丰富的经验和教训，形成了一些基本规律，可为我们提供一些借鉴。

一是现代化过程具有阶段性。自 18 世纪以来，以发达国家为代表的世界现代化的前沿过程大致经历了两个发展阶段。其中，第一次现代化（约 1760—1970 年）以工业经济和工业社会为基础，通常以经济增长为中心；第二次现代化（约 1970—2100 年）以知识经济和知识社会为基础，物质生活趋同，精神生活多样化，通常以生活质量为中心。两次现代化在经济、社会、政治、文化、生态和人的现代化等方面既有所继承，又有本质差别。

二是现代化过程是非线性的。世界现代化包括三个转变：第一个转变是从农业社会向工业社会的转变，是第一次现代化；第二个转变是从工业社会向知识社会的转变，是第二次现代化；第三个转变是从半工业社会向知识社会的转变，是综合现代化。三个转变的路径和模式是不一样的。其中，第一次现代化的主要特点是工业化、城市化、民主化、理性化和普及义务教育等；第二次现代化的主要特点包括知识化、信息化、绿色化、个性化和普及高等教育等；综合现代化的特点是以未来世界前沿为目标，两次现代化协调发展，并持续向第二次现代化转变。

三是创新是现代化的源泉和动力。知识创新和制度创新相结合产生新科技，新科技通过技术创新产生新产品和新产业，新产业带来新经济，新经济促生新社会，新社会带来新现代化。从创新到现代化的全过程，每个阶段都有信息反馈，从而形成从创新到现代化的正反馈循环驱动。

四是现代化与科技革命紧密相关。在过去300年里，世界现代化前沿的每一次浪潮，都是由科技革命推动的。前几次科技革命分别推动了机械化、电气化、自动化和信息化浪潮；未来的科技革命将推动新的浪潮，其中，“新生物学和再生革命”将推动仿生再生和生物经济的新浪潮等。抓住新科技革命机遇可加速国家现代化。

两步并作一步走

相比于发达国家的现代化，发展中国家的现代化需要找到符合世界现代化规律和自己国情、高效益低成本、资源节约和环境友好的新型现代化的路径与模式。

早在 2003 年，中国科学院中国现代化研究中心研究员何传启就通过研究发现，2000 年时中国处于第一次现代化的发展期，而美国处于第二次现代化的发展期。如果中国像美国那样，先进行第一次现代化，后进行第二次现代化，那么中国就很难追赶甚至赶超美国。如何破解这个难题？何传启提出了综合现代化理论及其应用设想。综合现代化路径，即以未来世界前沿水平为目标，开辟一条“现代化运河”，两次现代化协调发展，迎头赶上未来的世界前沿水平，这就是“运河战略”。

发达国家的现代化皆是先完成第一次现代化，实现从农业经济向工业经济、从农业社会向工业社会的转变，然后开始进行第二次现代化，推进工业经济向知识经济、工业社会向知识社会的转变。

第一次现代化奠定了第二次现代化的物质和社会基础；第二次现代化既是对第一次现代化的部分继承和发展，又是“破旧立新”，对第一次现代化进行部分“消除”和“反向”，如从工业化到非工业化、从城市化到郊区化、从环境污染到环境保护等，同时开辟新方向，如知识化、信息化、智能化等。

综合现代化路径则是“两步并作一步走”：在两次现代化没有冲突的方面，积聚两次现代化的精华，遵循其发展的内在逻辑，循序渐进，加速发展；在两次现代化发生冲突的方面，采用优先遵循事物发展的内在逻辑、优先遵循第二次现代化的基本原则、优先考虑第二次现代化的发展需要的“三优先原则”，科学和谨慎地协调两次现代化过程中“消除和反向”的内容，避免现代化过程的失误，走一条低成本、高效益的现代化新路，迎头赶上未来的世界前沿水平。

综合现代化路径将两次现代化的关键要素进行组合，形成20多种发展模式，不同国家在不同时期可以采用不同的策略，在某个时期相对优先发展某种要素，也会形成不同模式。综合现代化路径大致可以分为三个发展阶段：第一阶段，以工业化为主，以经济增长为中心，第一次现代化要素占优势地位；第二阶段，工业化和知识化并重，两次现代化并重；第三阶段，以知识化为主，以生活质量为中心，第二次现代化要素占优势地位，第一次现代化逐步完成。

对于中国现代化的模式选择，中国科学院中国现代化研究中心认为，根据党的十九届五中全会精神和世界现代化经验，应该以人民为中心，以生活质量为发展主题，全面落实新发展理念。

未来30年，中国需要完成三个方面的战略转变。一是发展目标和观念转变，从全面建成小康社会转变为全面建设社会主义现代化国家。二是发展模式和内容转变，从第一次现代化为主转变到第二次现代化为主，从工业化为主转变到知识化为主。三是发展主题转变，从以满足人民物质文化需要转变为以满足人民美好生活需要为发展主题。

中国科学院中国现代化研究中心认为，当下中国现代化的重点是向生活质量进军，满足美好生活需要，全面提高人民的生活质量和生活满意度。

一是以生活质量为发展主题，实现战略转型。以生活质量为中心和导向，以经济质量和环境质量为支撑，三个质量一起抓。

二是以创新和改革为动力，实现双轮驱动。把握新科技革命战略机遇，全面建设创新型国家和世界科技强国；加大系统性改革力度，提升社会治理质量，促进国家治理体系和治理能力现代化；扩大开放力度，营造良好国际环境等。

三是六化协同、绿色发展、共建共享。经济现代化、社会现代化、政治现代化、文化现代化、生态现代化和人的现代化六个方面协同发展、整体推进。绿色发展理念有机融入所有施政方针与政策。

中国现代化既是一项史无前例的伟大工程，也是对人类文明的一个重大贡献。改革开放40多年来，中国成功实现从农业文明向工业文明的转变，基本完成第一次现代化和工业化，已经初步摆脱了欠发达国家的面貌。未来 30 年，中国将开启全面建设社会主义现代化国家的新征程，将迈入以第二次现代化为主的新发展阶段，将先后升级为中等发达国家和建成现代化国家。中国的现代化之路，将为发展中国家的现代化开辟新途径、提供新选择，将为人类发展贡献中国智慧和中国方案。

深入研究中国式现代化与法治建设的关系 *

* 作者冯果，武汉大学法学院院长。

法治是人类文明的重要成果，中国特色社会主义法治道路形成和拓展于中国式现代化进程之中。党的二十大报告深刻阐述了中国式现代化的中国特色、本质要求和重大原则，把法治建设作为新时代党和国家工作布局的重要方面进行专章论述、专门部署，提出在法治轨道上全面建设社会主义现代化国家，凸显了法治建设在中国式现代化中的重要地位，揭示出中国式现代化与法治建设的紧密关系。深入研究中国式现代化与法治建设的关系，对于加快构建中国特色法学学科体系、学术体系、话语体系，推动中国特色社会主义法治理论和实践创新发展，具有重要意义。

中国式现代化理论是对世界现代化理论的重大创新

在现代哲学社会科学中，现代化是一个重要理论范式。研究者通常认为，现代化是指一个国家在发展到一定阶段后，从传统社会转向现代社会、实现经济社会转型和文明进步的过程。目前，以现代化为主题的学术研究涵盖经济学、政治学、社会学、法学等多个领域，形成了较为丰富的研究成果。中国式现代化是中国共产党领导的社会主义现代化。研究中国式现代化与法治建设的关系，需要从历史逻辑、理论逻辑、实践逻辑上深入认识中国式现代化。

从中国的现代化发展历程看，中国式现代化是从中国的社会土壤中生长起来的，熔铸于中国革命、建设与改革的历史进程。习近平总书记指出："世界上没有哪一个国家和民族能够通过亦步亦趋、走别人的道路来实现自己的发展振兴。"[①] 中国的现代化探索始于清末。不论是戊戌变法，还是辛亥革命，许多仁人志士把美国、英国等当时的世界强国作为现代化的范例，试图通过学习模仿西方实现救亡图存。但这种"追随式"的现代化没能改变中国的落后面貌。新中国的成立，为中国人民独立自主探索现代化道路提供了根本政治前提。为了追赶世界先进水平，社会主义革命和建设时期，我们党提出实现"四个现代化"的奋斗目标，即实现农业、工业、国防和科学技术的现代化。在社会生产力还不发达的历史条件下，我们对现代化的理解更多聚焦在物质文明上。

改革开放后，基于中国处于并将长期处于社会主义初级阶段的基本国情，我们党确立建设小康社会的目标，提出"走出一条中国式的现代化道路"的主张。党的十八大以来，中国特色社会主义进入新时代。经过长期努力，我们全面建成小康社会，并且在全面深化改革、全面依法治国、全面从严治党等方面取得突破性进展。我们党对建设社会主义现代化国家在认识上不断深化、在战略上不断完善、在实践上不断丰富。党的十八届三中全会把完

① 《<中共中央关于党的百年奋斗重大成就和历史经验的决议>辅导读本》，人民出版社 2021 年版，第 428 页。

善和发展中国特色社会主义制度、推进国家治理体系和治理能力现代化作为全面深化改革的总目标，表明中国式现代化不仅注重物质文明发展，而且有着更加丰富的内涵。中国式现代化推动物质文明、政治文明、精神文明、社会文明、生态文明协调发展，是全面的现代化。中国式现代化摒弃了西方以资本为中心的现代化、两极分化的现代化、物质主义膨胀的现代化、对外扩张掠夺的现代化老路，为人类实现现代化提供了新的选择。这不是在西方现代化理论上添砖加瓦，而是对西方现代化理论的超越，在逻辑、理念、模式、话语上实现转换，打破了“现代化=西方化”的迷思，在现代化理论范式发展上具有重大变革性意义。

法治建设是中国式现代化的内在要求和重要保障

习近平总书记指出：“一个现代化国家必然是法治国家。”[①] 现代化与法治内在联结、相互依存、伴生发展。综观世界近现代史，凡是顺利实现现代化的国家，没有一个不是较好地解决了法治问题的。现代化进程会带来巨大变革和利益调整，法治作为现代国家治理的重要组成部分，对于规范协调现代化进程中涉及的各种复杂利益关系有着至关重要的作用。如果法治不彰，社会就可能

---

① 习近平：《论坚持全面依法治国》，中央文献出版社 2020 年版，第 130 页。

因纷争冲突而失稳失序，最终导致现代化进程停滞或中断。一些国家虽然也一度实现快速发展，但并没有顺利迈进现代化的门槛，而是陷入这样或那样的“陷阱”，出现经济社会发展停滞甚至倒退的局面。这种情况的出现很大程度上与法治不彰有关。

中国式现代化具有鲜明的法治逻辑，法治建设是中国式现代化的内在要求。从中国式现代化的战略部署看，全面建设社会主义现代化国家，包括推进国家治理体系和治理能力现代化。法治是国家治理体系和治理能力的重要依托。这就要求在推进中国式现代化中同步推进法治建设，确保各方面制度系统集成、协同高效，实现制度体系和治理效能的衔接转化，增强国家治理体系的系统性、规范性、协调性，不断提高国家治理体系和治理能力现代化水平。从中国式现代化的价值追求看，中国式现代化坚持以人民为中心。新时代，人民美好生活需要日益广泛，不仅对物质文化生活提出了更高要求，而且在法治方面的要求日益增长。中国式现代化要实现人民对美好生活的向往，必须坚持全面依法治国、推进法治中国建设，不断满足人民群众对法治的新要求新期待。从中国式现代化面临的发展环境看，我国发展进入战略机遇和风险挑战并存、不确定难预料因素增多的时期，来自外部的打压遏制随时可能升级。必须统筹推进国内法治和涉外法治，运用制度威力应对风险挑战冲击，确保中国式现代化不被迟滞、中断。

法治建设是中国式现代化的重要内容，对推进中国式现代化具有固根本、稳预期、利长远的保障作用。首先，推进中国式现代化是一项前无古人的开创性事业，必须依靠高效的国家治理能力，解决现代化建设中的各种实际问题，战胜前进道路上各种困难和挑战。法治对国家制度和国家治理体系具有固根本的保障作用。法律具有强制力和权威性，得到广泛认同和普遍遵从。以法律形式确立国家制度和国家治理体系，能够有效保证国家制度和国家治理体系的稳定性和长期性，推动制度优势转化为治理效能。其次，中国式现代化是一个跨越式、并联式的发展进程，许多历时性问题需要共时性解决，其中涉及的思想变革之深、利益调整之大世所罕见。法治通过实施公开、稳定的制度机制和行为规范，对各种利益关系予以保护、规范和调整，从而稳定社会成员预期、维护现代化进程中的社会秩序，为现代化提供牢固基础、持久动力和广阔空间。第三，实现中国式现代化是一个长期的历史过程。坚持全面依法治国是着眼于长远目标和发展的战略谋划，具有利长远的保障作用。只有厉行法治，中国式现代化才能行稳致远。

中国式现代化为法治建设开辟广阔空间

中国式现代化是艰巨性和复杂性前所未有的现代化，必将对法治建设产生深刻影响。从“在法治轨道上推进国家治理体系和治理能力现代化”到“在法治轨道上全面建设社会主义现代化国家”，中国式现代化与法治走向深层次融合，推动中国特色社会主义法治理论与实践创新发展，既赋予中华法治文明新内涵，又为人类法治文明进步贡献更多中国智慧、中国方案、中国力量。

推动法治理论创新。改革开放以来，适应中国式现代化在理论与实践上的不断推进和拓展，马克思主义法治理论中国化也在不断推进。从“健全社会主义法制”到“健全社会主义法治”，“从依法治国”到“全面依法治国”，从“建设中国特色社会主义法律体系”到“建设中国特色社会主义法治体系”，从“建设社会主义法治国家”到“坚持法治国家、法治政府、法治社会一体建设”，从“有法可依、有法必依、执法必严、违法必究”到“全面推进科学立法、严格执法、公正司法、全民守法”，中国特色社会主义法治理论在社会主义现代化建设中与时俱进，有力保障了我国现代化建设的顺利推进。特别是党的十八大以来，中国式现代化道路越走越宽广，全面建设社会主义现代化国家的实践基础、理论基础、制度基础更加坚实。我们党坚持把马克思主义法治理论同中国具体实际相结合、同中华优秀传统法律文化相结合，形成了习近平法治思想这一马克思主义法治理论中国化最新成果。这一重要思想不仅是新时代全面依法治国的根本遵循和行动指南，也为人类法治文明发展贡献了中国智慧。

丰富法治实践形态。中国特色社会主义法治服务于中国式现代化，中国式现代化对中国特色社会主义法治产生深刻的塑造作用，使中国的法治实践独具特色。比如，中国的法治发展既不同于西方国家自下而上的社会演进模式，也不同于一些东亚国家自上而下的政府推动模式，而是自上而下、自下而上双向互动地推进法治化；我们创造了“先试点、后推广”的法治改革模式，确保法治领域改革蹄疾步稳；我们坚持依法治国和以德治国相结合；既坚持全面依法治国，又积极推进国际关系法治化；等等。党的二十大报告深刻阐述中国式现代化的中国特色、本质要求和重大原则，为中国特色社会主义法治实践的进一步发展拓展了路径。比如，在法治轨道上全面建设社会主义现代化国家，意味着把法治贯通于社会主义现代化建设的各个领域、各个方面、各个环节，必然推动法治覆盖更加全面、实践形态更加多样。又如，以法治之力确保落实中国式现代化的本质要求，也对法治建设提出了新要求，必将促进法治实践创新不断取得新成果。踏上新征程，我们要深入学习贯彻习近平法治思想，坚持以中国式现代化引领法治建设，以良法善治保障中国式现代化，在法治轨道上推进中国式现代化取得更大成就。

为中国式现代化提供坚强安全保障*

* 作者邱进，国务院参事室特约研究员。

习近平总书记在党的二十大报告中，从实现第二个百年奋斗目标和中华民族伟大复兴的战略高度，作出“推进国家安全体系和能力现代化，坚决维护国家安全和社会稳定”的重要部署。这充分体现了新时代新征程国家安全工作在党和国家事业全局中的重要地位，彰显了我们党对国家安全工作的深刻认识和全面把握。我们要坚持以习近平新时代中国特色社会主义思想为指导，准确研判国家安全形势新变化新趋势，着力推进国家安全体系和能力现代化，为全面建设社会主义现代化国家、全面推进中华民族伟大复兴提供坚强安全保障。

战胜各种风险挑战、顺利推进中国式现代化的必然要求

习近平总书记在党的二十大报告中指出：“国家安全是民族复兴的根基，社会稳定是国家强盛的前提。”旧中国百年屈辱，帝国主义列强横行，国家和民族面临生死存亡危机。新中国的成立，为国家强盛、民族振兴奠定了根本前提。在中国共产党的坚强领导下，中国人民创造了经济快速发展和社会长期稳定两大奇迹。党的十八大以来，在以习近平同志为核心的党中央坚强领导下，我们实现了第一个百年奋斗目标，全面建成小康社会，实现中华民族伟大复兴进入不可逆转的历史进程。回顾奋斗历程，成就来之不易。我们党团结带领人民战胜强大敌人，化解来自政治、经济、

意识形态、自然界等方面的风险挑战考验，才有了今日中国的繁荣昌盛、欣欣向荣。非凡奋斗历程说明，没有安全和稳定，一切都无从谈起。国家安全和社会稳定，是实现发展进步的牢固基础。

展望全面建设社会主义现代化国家新征程，我们面临着前所未有的战略机遇，也面临着更加错综复杂的风险挑战，必须继续保持清醒头脑，准备接受风高浪急甚至惊涛骇浪的重大考验。从国际看，世界百年未有之大变局加速演进，和平与发展仍是时代主题。但国际形势的不稳定性不确定性明显增加，世界进入新的动荡变革期。恃强凌弱、巧取豪夺、零和博弈等霸权霸道霸凌行径危害深重。外部势力对我讹诈、遏制、封锁、极限施压等一系列恶劣做法随时可能升级。全球范围的能源危机、粮食危机、金融动荡等也可能会传导到国内，对我国国家安全和社会稳定构成威胁。从国内看，全面建成小康社会为全面建设社会主义现代化国家创造了有利条件，但我国发展面临的内外部风险上升，我国改革发展稳定面临不少深层次矛盾躲不开、绕不过，及时妥善解决人民内部矛盾的任务也十分繁重。

党的十八大以来，以习近平同志为核心的党中央从全局和战略高度对国家安全作出一系列重大决策部署，我国国家安全全面加强，国家安全工作取得历史性成就、发生历史性变革。但应看到，应对重大挑战、抵御重大风险、克服重大阻力、解决重大矛盾，都对国家安全体系和能力建设提出了新的更高要求。推进国家安全体系和能力现代化，事关第二个百年奋斗目标能否如期实现，事关中华民族伟大复兴伟业能否顺利推进。只有与时俱进推进国家安全体系和能力现代化，健全国家安全体系，不断增强维护国家安全的能力，才能确保社会主义现代化建设和民族复兴进程不被迟滞或打断，顺利推进中国式现代化。

坚定不移贯彻总体国家安全观

习近平总书记统筹国内国际两个大局，把马克思主义国家安全理论和当代中国安全实践、中华优秀传统战略文化结合起来，创造性提出总体国家安全观，标志着我们党对国家安全基本规律的认识达到了新高度，为我们维护国家安全和社会稳定提供了强大思想武器和科学行动指南。推进国家安全体系和能力现代化，必须坚持以总体国家安全观为指导，牢牢把握正确方向，坚定不移走中国特色国家安全道路。要坚持以人民安全为宗旨、以政治安全为根本、以经济安全为基础、以军事科技文化社会安全为保障、以促进国际安全为依托，统筹外部安全和内部安全、国土安全和国民安全、传统安全和非传统安全、自身安全和共同安全，统筹维护和塑造国家安全，夯实国家安全和社会稳定基层基础，完善参与全球安全治理机制，建设更高水平的平安中国，以新安全格局保障新发展格局。

推进国家安全体系和能力现代化是一项系统工程。体系现代化和能力现代化是辩证统一的。体系现代化的目的是能力的提升，能力现代化是体系现代化的结果。有了科学高效的体系，就可以调动方方面面的人力资源，有效配置科学技术装备和物质保障。抓住体系建设就抓住了做好国家安全工作的关键。坚持党对国家安全工作的领导，是做好国家安全工作的根本原则。要坚持党中央对国家安全工作的集中统一领导，完善高效权威的国家安全领导体制。坚定不移贯彻中央国家安全委员会主席负责制，在国家安全工作中深刻领悟“两个确立”的决定性意义，增强“四个意识”、坚定“四个自信”、做到“两个维护”，把党中央关于国家安全工作的决策部署落到实处。强化国家安全工作协调机制，完善国家安全法治体系、战略体系、政策体系、风险监测预警体系、国家应急管理体系，完善重点领域安全保障体系和重要专项协调指挥体系，强化经济、重大基础设施、金融、网络、数据、生物、资源、核、太空、海洋等安全保障体系建设。健全反制裁、反干涉、反“长臂管辖”机制。完善国家安全力量布局，构建全域联动、立体高效的国家安全防护体系。

党的二十大报告提出：“加强重点领域安全能力建设”。推进国家安全能力现代化，要聚焦重点，抓纲带目。政治安全是国家安全的根本，国家利益至上是国家安全的准则。国家政治安全得不到保障，国家发展就无从谈起。要坚定维护国家政权安全、制度安全、意识形态安全，坚定捍卫国家主权、安全、发展利益。同时，适应国家安全形势新变化，着眼于国土安全、经济安全、外部安全等重点领域，着力解决国家安全面临的突出问题。要确保粮食、能源资源、重要产业链供应链安全，加强海外安全保障能力建设，维护我国公民、法人在海外合法权益，维护海洋权益。提高防范化解重大风险能力，严密防范系统性安全风险，严厉打击敌对势力渗透、破坏、颠覆、分裂活动。

维护国家安全和维护社会稳定是紧密相连、辩证统一的。没有国家安全，就不可能有社会稳定；社会不稳定，也会严重影响国家安全。社会安全有序，人民才能安居乐业，国家才能长治久安。我们要站在维护最广大人民根本利益的高度，将维护社会稳定、维护公共安全放在贯彻落实总体国家安全观中来思考，放在推进国家治理体系和治理能力现代化中来把握，切实做好各项工作。要主动适应社会治理新的阶段性特征，健全共建共治共享的社会治理制度，提升社会治理效能，建设人人有责、人人尽责、人人享有的社会治理共同体。坚持安全第一、预防为主，建立大安全大应急框架，完善公共安全体系，推动公共安全治理模式向事前预防转型，提高公共安全治理水平。

坚持专群结合，共筑国家安全防线

坚持专门工作与群众路线相结合，既充分发挥专门机关的职能作用，又动员人民群众积极参与，共筑维护国家安全的坚固防线，是推进国家安全体系和能力现代化的必然要求，也是中国特色国家安全道路特点和优势的重要体现。

专门机关承担着推进国家安全体系和能力现代化的重要使命责任。无论是维护国家安全，还是维护社会稳定，在应对各种风险挑战中，专门机关都发挥着不可替代的重要作用。要在党的领导下，充分发挥专门机关作用，不断提高专门机关的斗争能力，有效捍卫国家安全和利益，保卫人民群众幸福安宁的生活。进一步加强专门机关的思想政治建设、人员队伍建设，锻造忠诚纯洁可靠的国家安全干部队伍，提高其综合运用各种手段、各种资源化险为夷、打好主动仗的能力水平，使专门机关成为捍卫国家安全和社会稳定坚不可摧的强大力量。

推进国家安全体系和能力建设，要坚持群众路线，依靠群众、发动群众，拓展人民群众参与国家安全治理的有效途径，筑牢国家安全人民防线。无论是与各种敌对势力作斗争，还是处理突发事件、抗击自然灾害；无论是抵御防范外来威胁，还是处理内部的各种矛盾，人民群众都是我们赢得胜利的根本力量、根本底气所在。要全面加强国家安全教育，突出总体国家安全观在国家安全教育中的指导性地位，进一步丰富和完善国民教育中国家安全教育的内容，创新国家安全教育形式，引导全社会充分认识国家安全的重要性。通过深入细致的宣传教育，切实增强全民国家安全意识和素养，使维护国家安全和社会稳定成为人民群众的自觉行动。推动各级领导干部增强忧患意识、树立底线思维，统筹发展和安全，做到守土有责、守土负责、守土尽责。通过全党全社会共同努力，汇聚维护国家安全的强大力量。

中国成功走出了一条人类历史上现代化新路*

* 作者姜辉，中国社会科学院党组成员、当代中国研究所所长、马克思主义研究院院长。

实现现代化，是近代以来中华民族孜孜以求、重塑辉煌的主基调，是百年来中国共产党团结带领中国人民接续奋斗、砥砺前行的主旋律，是 70 多年来新中国社会主义建设和改革一以贯之的主题。在“两个一百年”历史交汇点上，党的十九届五中全会通过的《中共中央关于制定国民经济和社会发展第十四个五年规划和二〇三五年远景目标的建议》（以下简称《规划建议》），是规划今后五年以及更长一个时期我国经济社会发展的纲领性文件和行动指南，是向第二个百年奋斗目标进军的总动员和总部署。全面建成小康社会为开启新征程奠定了坚实基础，把中国现代化建设推向历史新高度；以“全面建设社会主义现代化国家”为统领、具有新内涵的“四个全面”战略布局，是我们党站在新的历史起点上治国理政的新方略和总抓手；到 2035 年基本实现社会主义现代化远景这一目标的确立，更为清晰具体地擘画了全面建设社会主义现代化国家的时间表和路线图；进入新发展阶段，以贯彻新发展理念、推动高质量发展、构建新发展格局为主题的“十四五”规划的制定实施，将确保新征程开好局、起好步。《规划建议》提出了一系列新思想、新理念、新战略，集中反映了我们党实践创新和理论创新的成果，进一步深化了对社会主义现代化建设规律的认识，标志着我们党在长期探索中成功走出了一条人类历史上的现代化新路，在中华民族发展史上、在人类社会发展史上都具有十分重要的意义。

更加明确中国现代化的发展目标和现实路径

在追求实现现代化的征途上，几代中国共产党人孜孜求索、接续奋斗。新中国成立之时，中国共产党从国民党那里接手的是一副千疮百孔、百废待兴的烂摊子。面对“打天下容易，治天下难”的诘问，毛泽东清醒而又自信地作出了回答：“打天下也并不容易，治天下也不是难得没有办法。”[①] 执政的中国共产党下定决心彻底改变中国贫穷落后的面貌，致力于实现工业化和现代化。在 1954 年第一届全国人民代表大会第一次会议上，毛泽东提出，在几个五年计划之内，要将新中国“建设成为一个工业化的具有高度现代文化程度的伟大的国家”。在 1964 年第三届全国人民代表大会第一次会议上，周恩来提出：“要在不太长的历史时期内，把我国建设成为一个具有现代农业、现代工业、现代国防和现代科学技术的社会主义强国，赶上和超过世界先进水平”。在 1975 年召开的第四届全国人民代表大会第一次会议上，周恩来重申了“四个现代化”这一社会主义建设的总目标和总任务。改革开放之初，邓小平指出，我们定的目标是在 20 世纪末实现“四个现代化”，我们的概念与西方不同，“叫中国式的现代化”。[②]“小

① 萧诗美：《毛泽东智慧》，人民出版社 2013 年版，第 245 页。
② 参见《邓小平文选》第二卷，人民出版社 1994 年版，第 194 页。

康”是“四个现代化的最低目标”，党中央提出“三步走”发展构想，1987年党的十三大正式提出中国现代化“三步走”发展战略。1997年党的十五大又提出新的“三步走”发展目标，并首次用“两个一百年”目标来表述发展战略。此后，2002年党的十六大、2007年党的十七大、2012年党的十八大都重申了这个战略目标并逐步丰富其内容。

党的十八大以来，中国特色社会主义进入新时代，以习近平同志为核心的党中央着眼于世情国情党情的变化，根据社会主要矛盾的变化，在2017年党的十九大上提出，从党的十九大到二十大，是“两个一百年”奋斗目标的历史交汇期，我们既要全面建成小康社会，实现第一个百年奋斗目标，又要乘势而上开启全面建设社会主义现代化国家新征程，向第二个百年奋斗目标进军。对2020年全面建成小康社会之后的30年提出分两步走建成社会主义现代化强国的战略安排：从2020年到2035年，在全面建成小康社会的基础上，再奋斗15年，基本实现社会主义现代化；从2035年到21世纪中叶，在基本实现现代化的基础上，再奋斗15年，把我国建成富强民主文明和谐美丽的社会主义现代化强国。自此，“两个一百年”奋斗目标有了更加清晰的时间表和路线图，并同实现中华民族伟大复兴的中国梦紧密结合。

方向和目标确定之后，战略规划尤为重要。五年规划（计划）既是规划部署经济社会发展任务的基本方式，也是推进社会主义现代化建设的现实路径；既是我们党治国理政的重要方式，也是社会主义制度优越性的重要体现。习近平总书记在党的十九届五中全会上指出："从第一个五年计划，到第十四个五年规划，一以贯之的主题，是把我国建设成为社会主义现代化国家"。结合中国实际，借鉴苏联建设经验，我们制定、实施并圆满完成了第一个五年计划（1953—1957年）。这是新中国发展的第一张蓝图，既集中反映了中国人民对新政权的期待和对国家发展的热切愿望，也作为改革开放前完成得最好的经济社会发展方案而铭刻在人们记忆中。此后虽然经历过"左"的指导思想影响，甚至经过"文化大革命"这样全局性重大错误，经济社会发展遭受过严重挫折，五年计划甚至出现了空档期（1961—1966年），但规划作为指导经济社会发展的基本方式和现实路径延续下来并发挥作用。

改革开放后，随着计划经济向社会主义市场经济的转变，五年计划的指导思想、主要内容和呈现方式逐步发生深刻变化。1980—1985年的"六五"计划，第一次将"国民经济计划"改为"国民经济和社会发展计划"，旨在促进社会与经济的全面发展。2006—2010年的"十一五"规划，第一次将"计划"改为"规划"。此后又经过"十二五"规划、"十三五"规划，我国建设社会主义现代化步伐加快，改革开放取得显著成绩，全面建成小康社会胜利在望，中国创造了世所罕见的经济快速发展奇迹和社会长期稳定奇迹。

处在举世瞩目的历史交汇点上，在中华民族伟大复兴的征程上，党的十九届五中全会具有承前启后、继往开来的里程碑意义，它一端接续着即将挥就的百年史诗，一端开启了第二个百年的恢宏篇章。“十四五”时期经济社会发展目标振奋人心：经济发展取得新成效，改革开放迈出新步伐，社会文明程度得到新提高，生态文明建设实现新进步，民生福祉达到新水平，国家治理效能得到新提升。党的十九大提出的“两步走”战略的第一步，即2035年基本实现社会主义现代化的远景目标得到深化拓展，更加清晰明确：我国经济实力、科技实力、综合国力将大幅跃升，基本实现新型工业化、信息化、城镇化、农业现代化，基本实现国家治理体系和治理能力现代化，建成文化强国、教育强国、人才强国、体育强国、健康中国，广泛形成绿色生产生活方式，形成对外开放新格局，人均国内生产总值达到中等发达国家水平，平安中国建设达到更高水平，人民生活更加美好。总之，五年目标与远景目标相互结合，有机衔接，是迈向社会主义现代化强国的顶层设计，充分体现了我们党的高瞻远瞩和成熟自信，充分体现了习近平总书记作为党中央的核心、全党的核心领航掌舵的历史地位和巨大作用。

充分彰显中国现代化的本质特征和显著优势

有着独立自主、自立自强光荣传统和伟大精神的中国共产党人，始终强调实现现代化的“中国式”特点和本质要求。改革开放伊始，邓小平就指出要“搞出中国式的更好更新的东西”，明确提出“中国式的现代化”，“我们搞的现代化，是中国式的现代化。我们建设的社会主义，是有中国特色的社会主义”[①]。习近平总书记反复强调：“世界上没有放之四海而皆准的具体发展模式，也没有一成不变的发展道路。历史条件的多样性，决定了各国选择发展道路的多样性。”[②]党的十九大把实现社会主义现代化和中华民族伟大复兴作为中国特色社会主义总任务。党的十九届五中全会坚持继承与创新相结合，阐明了中国现代化的指导思想、遵循原则、基本内涵，充分彰显了中国现代化的显著特征和本质要求。中国式现代化遵循现代化发展的一般规律，同时是充分体现本国历史传统、基本国情、制度属性和实际发展的现代化。

一是人口规模巨大的现代化。根据国际货币基金组织统计，2019 年全球共有 35 个已经实现了现代化的发达经济体，总人口不到 10 亿。中国作为世界上最大发展中国家，通过持续奋斗建成

---

① 《邓小平文选》第三卷，人民出版社 1993 年版，第 29 页。
② 《习近平谈治国理政》第一卷，外文出版社 2018 年版，第 29 页。

惠及 14 亿多人口的全面小康社会，再将占世界 1/5 的人口带进中等发达国家水平的行列，这将是人类历史上的一个伟大奇迹，是对人类发展进步作出的巨大贡献。

二是全体人民共同富裕的现代化。共同富裕是社会主义的本质特征，是人民群众的共同期盼，也是以人民为中心的发展思想的必然要求。中国的现代化始终以消灭剥削、消除两极分化、逐步实现共同富裕为目标。《规划建议》明确提出坚持以人民为中心，坚持人民主体地位，坚持共同富裕方向，促进社会公平，不断实现人民对美好生活的向往，使民生福祉达到新水平，改善人民生活品质，城乡区域发展差距和居民生活水平差距显著缩小，人民生活更加美好，人的全面发展、全体人民共同富裕取得更为明显的实质性进展等目标，归根结底就是实现发展成果由全体人民共享，扎实推动共同富裕。

三是物质文明与精神文明相协调的现代化。习近平总书记反复强调："要在坚持以经济建设为中心的同时，全面推进经济建设、政治建设、文化建设、社会建设、生态文明建设，促进现代化建设各个环节、各个方面协调发展。"[①] 党的十九大提出我国物质文明、政治文明、精神文明、社会文明、生态文明将全面提升，党的十九届五中全会又强调统筹推进"五位一体"总体布局，协调

① 《习近平谈治国理政》第二卷，外文出版社 2017 年版，第 79 页。

推进具有新内涵的“四个全面”战略布局，提高社会文明程度，明显提高人民的思想道德素质、科学文化素质和身心健康素质，推动形成适应新时代要求的思想观念、精神风貌、文明风尚、行为规范。人民精神文化生活日益丰富，中华文化影响力进一步提升，中华民族凝聚力进一步增强。

四是人与自然和谐共生的现代化。党的十九届五中全会提出“十四五”时期生态文明建设取得实质性进步的目标，到 2035 年广泛形成绿色生产生活方式，生态环境根本好转，美丽中国目标基本实现，并对“推动绿色发展，促进人与自然和谐共生”作出具体部署。坚持“绿水青山就是金山银山”理念，坚持尊重自然、顺应自然、保护自然，守住自然生态边界。深入实施可持续发展战略，构建生态文明体系，促进经济社会发展全面绿色转型等一系列重大举措，建设富而美的社会主义现代化强国。

五是走和平发展道路的现代化。习近平总书记指出：“什么是当今世界的潮流？答案只有一个，那就是和平、发展、合作、共赢。中国不认同‘国强必霸’的陈旧逻辑。”[①] 走和平发展道路，是我们党根据时代发展和我国根本利益作出的战略抉择，也是中国社会主义现代化的本质要求。《规划建议》强调，在世界百年未有之大变局下，和平与发展仍然是时代主题，人类命运共同体理念深入人

---

① 《习近平谈治国理政》第一卷，外文出版社 2018 年版，第 266 页。

心。面对单边主义、保护主义、霸权主义对世界和平与发展构成威胁的形势，我们党始终高举和平、发展、合作、共赢旗帜，统揽“两个大局”，办好发展、安全两件大事，既争取和平的国际环境发展自己，又通过自身发展促进世界和平，推动构建新型国际关系和人类命运共同体，始终站在历史正确的一边。

中国的现代化充分彰显其本质特征和显著优势，又具有深远的历史意义和世界意义。我国是世界上最大的社会主义国家，当我国建成社会主义现代化强国、成为世界上第一个不是走资本主义道路而是走社会主义道路成功建成现代化的强国时，我们党领导人民在中国进行的伟大社会革命将更加充分地展示其历史意义。当前，我们已全面建成小康社会，中华民族伟大复兴向前迈出了新的一大步，社会主义中国以更加雄伟的身姿屹立在世界东方。到 21 世纪中叶全面建成富强民主文明和谐美丽的社会主义现代化强国时，中华民族将以更加昂扬的姿态屹立于世界民族之林，必将为人类作出新的更大贡献。

拓展人类走向现代化途径和提供中国方案

新时代中国共产党人在探索符合中国历史传统、现实国情和时代发展趋势的现代化发展道路上，既坚定不移地走自己的道路，又博采其他发展模式之长，成功走出了一条人类历史上前所未有的现代化新路。

世界各个国家和地区，不论其历史传统、社会制度、发展水平如何，都不可避免地、或早或晚地走上现代化道路。但现代化道路往哪个方向走、如何走，却有很大差异。在历史上，可以说西方国家在现代化道路上先行一步，其成功经验和积极成果是对人类发展的重要贡献。但据此认为西方道路是实现现代化的唯一“普世之路”，其他国家别无选择、必须模仿跟随、亦步亦趋，则是完全错误的。西方现代化道路有着固有的矛盾弊端、制度局限和历史局限，在 21 世纪凸显出西方现代化危机。西方国家的种种乱象，如贫富悬殊、难民危机、民粹主义泛滥、恐怖主义猖獗、逆全球化和反全球化等，都显示西方现代化之路走入了死胡同。人类迫切需要一条促进共同发展、造福世界人民的新的现代化道路。

中国式现代化，开拓了一条不同于资本主义的全新现代化道路。中国的成功实践昭示世人，通向现代化的道路不止一条，“谁都不应该把自己的发展道路定为一尊，更不应该把自己的发展道路强加于人”[①]。中国打破了所谓“现代化只有西方一种模式”的神话，打破了所谓“核心国家”与“边缘国家”之间统治与依附的不平等体系，打破了发展中国家追求发展与让渡独立性之间的悖论，“拓展了发展中国家走向现代化的途径，给世界上那些既

---

① 《习近平谈治国理政》第二卷，外文出版社 2017 年版，第 482 页。

希望加快发展又希望保持自身独立性的国家和民族提供了全新选择”[1]。

当今世界处于百年未有之大变局，新一轮科技革命和产业革命深入发展，国际力量对比深刻调整，和平与发展仍然是时代主题。同时，国际环境日趋复杂，不稳定不确定性明显增加，新冠肺炎疫情影响广泛深远，经济全球化遭遇逆流，世界进入动荡变革期。世界经济增长乏力，金融危机阴云不散，发展鸿沟日益突出，兵戎相见不时发生，冷战思维和强权政治阴魂不散，恐怖主义、难民危机、重大传染性疾病、气候变化等非传统安全威胁持续蔓延。全球增长动能不足、经济治理滞后、发展失衡，单边主义、保护主义、霸权主义威胁世界。“世界向何处去”的问题再次凸显在人类面前。

在世界大变革、大调整、大动荡的背景下，走近世界舞台中央的中国，为解决世界经济、国际安全、全球治理等重大难题提供了新的方向、新的方案、新的选择。中国发展理念、发展道路、发展模式的吸引力和影响力显著增强，中国日益发挥着世界和平建设者、全球发展贡献者、国际秩序维护者的重要作用。推动构建国际经济政治新秩序，推动经济全球化朝着公平合理的方向发

① 习近平：《决胜全面建成小康社会　夺取新时代中国特色社会主义伟大胜利——在中国共产党第十九次全国代表大会上的报告》，人民出版社 2017 年版，第 10 页。

展；遵循新发展理念，为人类社会发展贡献“科学发展、和平发展、包容发展、共赢发展”的新理念；积极发挥负责任大国的作用，引领全球治理体系改革，践行共商共建共享的全球治理观，积极推动构建人类命运共同体；扎实推进“一带一路”建设，让沿线各国、各地区人民获得实实在在的利益；推动各国以文明交流超越文明隔阂、文明互鉴超越文明冲突、文明共存超越文明优越。新时代中国以巨大的成功发展了自己，也造福于世界，不断为世界贡献中国智慧和中国方案。

中国式现代化道路的特质与世界意义*

* 作者黄群慧，中国社会科学院经济研究所研究员；杨虎涛，中国社会科学院习近平新时代中国特色社会主义思想研究中心研究员。

党的十九届六中全会《决议》指出："党领导人民成功走出中国式现代化道路，创造了人类文明新形态，拓展了发展中国家走向现代化的途径，给世界上那些既希望加快发展又希望保持自身独立性的国家和民族提供了全新选择。"[①] 中国式现代化道路是人类现代化史上的伟大创造，破解了人类社会发展的诸多难题。中国式现代化道路的形成和拓展，彰显了中国特色社会主义的强大生命力和巨大优越性，破除了"现代化就是西方化"的迷思，不仅对中国，而且对世界都具有重大价值和意义。党的十八大以来，在习近平新时代中国特色社会主义思想的科学指引下，我们党团结带领人民深入推进中国式现代化，为人类对现代化道路的探索作出了新贡献。深入学习贯彻习近平总书记关于中国式现代化的重要论述，需要深入理解和把握中国式现代化道路的特质和世界意义。

中国式现代化道路的特质

对于中国式现代化道路在形成过程中所体现的特质，可以从以下三个方面来理解和把握。

坚持中国共产党领导。经济史和经济思想史的考察表明：对于后发国家而言，一个积极有为、坚强有力的执政党是实现经济赶超

---

①《中国共产党第十九届中央委员会第六次全体会议文件汇编》，人民出版社 2021 年版，第 93 页。

的关键。这同样是中国式现代化道路形成和拓展的关键。在现代化进程中，执政党的重要作用是领导人民构建后发国家所不具备但却是实现经济赶超所必备的基础和条件，包括基础设施、法律制度、产业政策、教育培训等。中国在进行社会主义现代化探索的过程中，内外部约束条件一直处于动态变化中。在中国共产党的坚强领导下，面对复杂多变的内外部环境，我国科学制订、不断完善短、中期现代化目标，坚持建设社会主义现代化国家的长期目标不动摇，充分发掘潜力、抓住机遇，创造了经济快速发展和社会长期稳定两大奇迹。这个过程充分体现了中国共产党的远见卓识和坚强的政治领导力、思想引领力、群众组织力、社会号召力，彰显了党为人民谋幸福、为民族谋复兴的初心使命和勇于自我革命的鲜明品格。回顾中国现代化的探索和实践可以发现，从新民主主义革命时期到社会主义革命和建设时期，再到改革开放新时期、中国特色社会主义新时代，如果没有具有坚定而崇高的理想信念、始终代表最广大人民根本利益的中国共产党，就无法在复杂、艰苦、多变的环境中实现社会凝聚和社会动员，也很难始终坚持正确的发展方向，更无法全面深化改革开放、走出中国式现代化道路。在世界历史上，只有像中国共产党这样经过历史和人民选择的马克思主义政党，才能把实现好、维护好、发展好最广大人民根本利益作为一切工作的出发点和落脚点；只有在中国共产党的领导下，才能始终坚持发展为了人民、发展依靠人民、发展成果由人民共享，走出中国式现代化道路，创造人类文明新形态。因此，中国共产党的领导是中国特色社会主义最本质的特征，是中国特色社会主义制度的最大优势，也是中国式现代化道路得以形成和拓展的根本保证。

坚持独立自主。习近平总书记在庆祝中国共产党成立100周年大会上的重要讲话中指出："走自己的路，是党的全部理论和实践立足点，更是党百年奋斗得出的历史结论。"[①] 党的十九届六中全会《决议》把"坚持独立自主"作为党百年奋斗的十条历史经验之一。坚持独立自主，是我们党领导人民探索中国式现代化道路的一个显著特征。第二次世界大战以来的历史充分证明，在西方发达国家先行构建和主导的世界政治经济体系中，后发国家要实现现代化绝非易事。一些后发国家付出丧失独立性的代价谋求依附性发展，结果却陷入各种发展"陷阱"。中国式现代化道路是党领导人民坚持独立自主、团结奋斗的结果，适合中国国情，符合中国实际。在中国式现代化道路上，我国用几十年时间走完了发达国家几百年走过的工业化历程，中华民族迎来了从站起来、富起来到强起来的伟大飞跃。当前，世界百年变局和世纪疫情交织，单边主义、保护主义抬头，经济全球化遭遇逆流。习近平总书记提出加快构建以国内大循环为主体、国内国际双循环相互促进的新发展格局，指出构建新发展格局最本质的特征是实现高水平的自立自强，进一步

---

①《习近平谈治国理政》第四卷，外文出版社2022年版，第10页。

明确了新发展阶段我国经济现代化的路径选择，对于推动我国经济社会高质量发展、促进世界经济繁荣都具有重大而深远的意义。

坚持并联式叠加发展。尽管现代化不只是工业化和经济发展，但工业化和经济发展无疑是现代化最为重要的组成部分和基础支撑。从世界范围看，无论是发达国家，还是后发国家，通过工业化驱动现代化都是必然的路径选择。从新中国成立之初第一个五年计划的 156 项重点工程，到改革开放以来推进新型工业化，工业化始终是我国现代化的主要基础和动力。进入新时代，习近平总书记提出“推动新型工业化、信息化、城镇化、农业现代化同步发展”①，这是对现代化理论的一个重大创新，表明我们党对现代化规律的认识更加深刻、对中国式现代化道路的认识愈益清晰。习近平总书记指出：“我国现代化同西方发达国家有很大不同。西方发达国家是一个‘串联式’的发展过程，工业化、城镇化、农业现代化、信息化顺序发展，发展到目前水平用了二百多年时间。我们要后来居上，把‘失去的二百年’找回来，决定了我国发展必然是一个‘并联式’的过程，工业化、信息化、城镇化、农业现代化是叠加发展的。”② 并联式叠加发展的现代化思想和实践，带来了我国生

---

① 柳斌杰主编，王天义副主编：《学习十九大报告：经济 50 词》，人民出版社 2018 年版，第 33 页。

② 中共中央文献研究室编：《习近平关于科技创新论述摘编》，中央文献出版社 2017 年版，第 159 页。

产力大发展。1952年，我国GDP仅为679.1亿元，人均GDP仅为119元；2021年我国GDP突破110万亿元，人均GDP突破1.2万美元。改革开放以来，在1978年到2020年的42年里，我国GDP年均增速达到9.2%。一个在一穷二白、人口众多的基础上起步的发展中国家，在如此短的时间里实现如此持续稳定的快速发展，无疑是世界现代化史上的一个奇迹。

中国式现代化道路的世界意义

中国式现代化道路的形成和拓展，不仅对中国，而且对世界都具有重大意义。

拓展了发展中国家走向现代化的途径。中国式现代化道路，摒弃了西方以资本为中心的现代化、两极分化的现代化、物质主义膨胀的现代化、对外扩张掠夺的现代化老路，拓展了发展中国家走向现代化的途径，为人类对更好社会制度的探索提供了中国方案。中国式现代化道路证明：现代化道路并没有固定模式，适合自己的才是最好的，不能削足适履。发展中国家要坚定自己的现代化目标，结合本国国情积极探索自己的现代化道路。落后的发展现状与发展愿景之间的巨大差距，只应作为推进国家现代化的强烈意愿和动力源泉，绝不应成为放弃独立自主的理由。发展中国家将强烈的现代化意愿转化成经济社会发展的实际效果，需要有一个坚强有力、能够始终代表人民利益的执政党。在这样的执政党领导下，才能在长期赶超过程中始终凝聚人民共识、代表人民利益，锲而不舍地追求现代化目标。

科学回答了社会主义国家如何实现现代化的重大命题。中国式现代化是社会主义现代化。社会主义国家与资本主义国家的经济发展目的不同，现代化的特征和背后的逻辑也存在很大差异。资本主义国家的现代化服从于资本逻辑，缓解资本积累矛盾、满足资本增值诉求是根本性和决定性的力量。与之根本不同，中国共产党始终代表中国最广大人民根本利益，中国共产党领导的中国式现代化坚持以人民为中心的发展思想，以实现人的自由全面发展为导向，以造福人民为目的，是人口规模巨大的现代化，是全体人民共同富裕的现代化，是物质文明和精神文明相协调的现代化，是人与自然和谐共生的现代化，是走和平发展道路的现代化。为了实现社会主义生产目的，我们创造性地建立起社会主义市场经济体制，既发挥市场在资源配置中的决定性作用，又更好发挥政府作用；既充分发挥资本促进经济发展的作用，又防止资本野蛮生长、违背社会主义生产目的。适应我国社会主要矛盾的变化，为了增进人民福祉、更好满足人民日益增长的美好生活需要，我们把促进全体人民共同富裕作为为人民谋幸福的着力点，扎实推动共同富裕。中国式现代化充分彰显了社会主义的本质要求，科学回答了社会主义国家如何实现现代化的重大命题。

推动人类进步和经济全球化进程。中国式现代化道路的成功探索，使中国如期实现全面建成小康社会的奋斗目标，完成了消除绝对贫困的艰巨任务，创造了又一个彪炳史册的人间奇迹。展望未来，我国将在2035年基本实现现代化，到本世纪中叶建成社会主义现代化强国，这将使人类现代化的总人口规模增加十多亿。十多亿人口整体迈入现代化社会，这无疑是对人类进步事业作出的巨大贡献。中国式现代化是开放的现代化，是顺应经济全球化潮流和人类社会进步方向的现代化。作为世界最大发展中国家，中国已经成为推动经济全球化朝着更加开放、包容、普惠、平衡、共赢方向发展的重要力量。在谋求自身发展的同时，中国始终积极承担责任，为世界经济稳定发展贡献力量。无论是在1998年亚洲金融危机、2008年国际金融危机中，还是当人类面对突如其来的新冠肺炎疫情时，中国都充分发挥了压舱石、稳定器、增长引擎的重要作用，为世界经济繁荣稳定作出了巨大贡献。全球发展倡议的提出、共建“一带一路”的倡导和推进，碳达峰、碳中和的承诺和行动，体现了中国作为负责任大国推动构建人类命运共同体的主动担当和博大胸怀。

贰

人口规模巨大的现代化

我国现代化既有各国现代化的共同特征，更有基于国情的中国特色，是中国式现代化。我们要实现的现代化，首先是人口规模巨大的现代化。在不断推进社会主义现代化建设的伟大实践中，我国完成了消除绝对贫困的艰巨任务，城镇人口规模不断扩大，人口素质显著提高。在建设社会主义现代化国家的新征程中，要更加重视人的全面发展，不断增进人民福祉。

在整个发展过程中，都要注重民生、保障民生、改善民生，让改革发展成果更多更公平惠及广大人民群众，使人民群众在共建共享发展中有更多获得感。特别是要从解决群众最关心最直接最现实的利益问题入手，做好普惠性、基础性、兜底性民生建设，全面提高公共服务共建能力和共享水平，满足老百姓多样化的民生需求，织就密实的民生保障网。

——习近平总书记2016年1月4日—6日在重庆调研时的讲话

人类历史上前所未有的壮举*

* 作者张车伟，中国社会科学院人口与劳动经济研究所所长。

人口规模巨大是我国的基本国情，是中国式现代化的重要特征。我国这个世界上最大发展中国家实现现代化，意味着比现在所有发达国家人口总和还要多的中国人民将进入现代化行列，这将彻底改写现代化的世界版图，必将成为人类历史上前所未有的壮举。

创造人类减贫史上的奇迹

我们党坚持以人民为中心的发展思想，把全体人民共同富裕取得更为明显的实质性进展作为 2035 年远景目标之一，在社会主义现代化建设进程中，团结带领全国各族人民为创造自己的美好生活进行长期艰苦奋斗，脱贫攻坚战取得全面胜利，创造了人类减贫史上的奇迹。

新中国成立时，从人均国内生产总值看，我国处于世界上最贫困的国家行列。到 1978 年，按照现行贫困标准，贫困人口规模仍有 7.7 亿。改革开放后，从 1978 年至 2012 年，我国实际国内生产总值年均增长率达到 9.86%，人均国内生产总值从 1978 年的 385 元增长到 2012 年的 39874 元。经济社会持续快速发展，推动绝大部分人口摆脱贫困、过上小康生活。

中国特色社会主义进入新时代，以习近平同志为核心的党中央把脱贫攻坚摆在治国理政的突出位置，作为全面建成小康社会的底线任务，组织开展了声势浩大的脱贫攻坚战。在迎来中国共产党成立100周年的重要时刻，我国脱贫攻坚战取得全面胜利，现行标准下9899万农村贫困人口全部脱贫，832个贫困县全部摘帽，12.8万个贫困村全部出列，区域性整体贫困得到解决，完成了消除绝对贫困的艰巨任务，创造出又一个彪炳史册的人间奇迹。这为持续推进人口规模巨大的现代化、让全体人民共享现代化成果奠定了坚实基础。

推进世界历史上规模最大、速度最快的城镇化

推进城镇化，是实现现代化的必由之路。我国坚持走以人为核心的新型城镇化道路，致力于在一个拥有14亿人口的发展中大国实现城镇化，让全体人民共享城镇化成果，这在人类发展史上没有先例。

城镇人口规模不断扩大。新中国成立时，我国绝大部分人口生活在农村，城镇人口占比不到11%，到1978年也不到18%。改革开放以来，我国经历了世界历史上规模最大、速度最快的城镇化进程，取得了举世瞩目的成就。党的十八大以来，我国在城镇化率继续提高的同时，城镇化质量也不断改善，城市功能全面提升，城市面貌焕然一新。大中小城市和小城镇持续协调发展，以城市群为主体的城镇化格局不断优化，京津冀、长三角、粤港澳大湾

区等城市群建设加快推进，城市区域分布更加均衡。2020 年末，我国常住人口城镇化率超过 60%，已进入以城市型社会为主体的新时代。

在城镇化过程中创造更多就业，不断提高人民收入。新中国成立时，我国绝大部分人口从事农业生产，城镇就业机会匮乏。快速推进的工业化、城镇化创造了大量就业机会，城镇就业人员占总就业人员的比重从 1978 年的 23.7% 提高到 2012 年的 48.4%。党的十八大以来，以习近平同志为核心的党中央实施就业优先战略，全国城镇就业人数平均每年增加 1000 万人以上，2019 年城镇就业人员达 44247 万人，占总就业人员比重达到 57.1%。与此同时，劳动者工资水平较快增长。2012 年到 2019 年，城镇非私营单位就业人员平均工资年均增长率达到 9.9%，高于同期国内生产总值年均增长率 0.86 个百分点。

推进以人为核心的新型城镇化。2013 年，党中央召开改革开放以来的第一次城镇化工作会议，对推进以人为核心的新型城镇化作出重要部署。国务院先后印发《关于进一步推进户籍制度改革的意见》《关于进一步做好为农民工服务工作的意见》，出台了一系列推动新型城镇化建设的改革意见和政策。《中华人民共和国国民经济和社会发展第十四个五年规划和 2035 年远景目标纲要》（以下简称《规划纲要》）提出，坚持走中国特色新型城镇化道路，深入推进以人为核心的新型城镇化战略，以城市群、都市圈为依托促进大中小城市和小城镇协调联动、特色化发展，使更多人民群众享有更高品质的城市生活。这一系列政策措施的出台落地，将有力提高新市民融入城市的能力，加快农业转移人口市民化进程。

人口素质实现质的飞跃，建成世界上规模最大的社会保障体系

我国现代化致力于实现人的全面发展、社会全面进步。我国不断推进人口规模巨大现代化的过程，也是人口素质显著提升、民生福祉不断增进的过程。

受教育水平稳步提升。新中国成立之初，我国 80% 的人口是文盲，适龄儿童小学入学率不足 20%。新中国成立后特别是改革开放以来，人口受教育程度大幅提高。1982 年，全国高中及以上受教育程度人口占总人口的 7.2%，2018 年提高到 29.3%。2020 年，全国共有普通高校 2738 所，各种形式的高等教育在学总规模 4183 万人，高等教育毛入学率达到 54.4%。人才队伍不断壮大，知识技能水平不断提高，为建设社会主义现代化国家提供了坚实人力资源保障。

健康水平逐步提高。新中国成立时，我国人均预期寿命仅有 35 岁。随着经济社会发展，我国医疗卫生投入快速增长，公共卫生体系和医疗服务体系不断完善，覆盖城乡的基本医疗卫生制度

逐步建立和完善，人民身体素质日益改善。党的十八大以来，我国卫生事业投入力度进一步加大，妇幼保健水平不断提高。2019年，我国人均预期寿命达到77.3岁，城镇居民人均预期寿命超过80岁，居民主要健康指标优于世界中高收入国家平均水平。

社会保障水平不断提高。新中国成立初期，我国社会保障几乎为空白。新中国成立后特别是改革开放以来，我国社会保障制度逐步建立，覆盖面持续扩大。党的十八大以来，多层次社会保障体系不断健全。目前，我国以社会保险为主体，包括社会救助、社会福利、社会优抚等制度在内，功能完备的社会保障体系基本建成，基本医疗保险覆盖超过13亿人，基本养老保险覆盖近10亿人，建成世界上规模最大的社会保障体系。社会保障水平的不断提高，为推进人口规模巨大的现代化提供了有利条件。

中国推进人口规模巨大现代化的深层逻辑

坚持和加强党的领导，坚持以人民为中心的发展思想，充分发挥我国社会主义制度的显著优势，能够广泛凝聚起14亿中国人民投身现代化建设、创造幸福美好生活，不断推进人口规模巨大的现代化。

坚持和加强党的领导。习近平总书记强调："办好中国的事情，关键在党。”[①] 让社会主义现代化建设的成果惠及全体人民，是当代中国共产党人践行初心使命的重大实践。在我国这样一个经济和人口规模巨大的国家，让全体人民携手迈入现代化是一件十分不容易的大事。党的十八大以来，以习近平同志为核心的党中央总揽全局、协调各方，在经济社会发展中把方向、谋大局、定政策、促改革，统筹推进“五位一体”总体布局，协调推进“四个全面”战略布局，推动人口规模巨大的现代化不断迈出坚实步伐。事实证明，中国共产党具有无比坚强的领导力、组织力、执行力，是团结带领人民攻坚克难、开拓前进最可靠的领导力量。有了党的坚强领导，国家治理就有了坐镇中军帐的“帅”，现代化建设就有了坚强的“领航者”，亿万人民就有了众志成城的“主心骨”，就能推动人口规模巨大的现代化不断迈出新步伐、取得新成效。

坚持以人民为中心。我们党始终坚持以人民为中心的发展思想，把实现好、维护好、发展好最广大人民根本利益作为一切工作的出发点和落脚点，一件事情接着一件事情办，一年接着一年干，办好就业、教育、社保等民生实事，使改革发展成果更多更公平惠及全体人民。《规划纲要》把坚持以人民为中心作为“十四五”时期经济社会发展必须遵循的原则之一，强调坚持人

① 习近平：《在庆祝中国共产党成立 95 周年大会上的讲话》，人民出版社 2016 年版，第 22 页。

民主体地位，坚持共同富裕方向，始终做到发展为了人民、发展依靠人民、发展成果由人民共享，维护人民根本利益，激发全体人民积极性、主动性、创造性，促进社会公平，增进民生福祉，不断实现人民对美好生活的向往。实践证明，坚持以人民为中心的发展思想，坚持人民至上、坚持共同富裕，推进人口规模巨大的现代化就能得到最广大人民的拥护和支持，就有不竭的动力源泉。

充分发挥制度优势。习近平总书记指出："要在坚持以经济建设为中心的同时，全面推进经济建设、政治建设、文化建设、社会建设、生态文明建设，促进现代化建设各个环节、各个方面协调发展。"[①] 我国社会主义制度具有能够集中力量办大事的政治优势，这一优势保证我国能够在统筹兼顾中协调处理好现代化建设各方面、各领域的关系，在重要产业、基础设施、战略资源、重大科技等关键领域实现突破，在面临重大风险和挑战时最大限度保护人民生命财产安全。让 14 亿中国人民携手迈入现代化，是一项繁重、复杂的系统工程，必须充分发挥我国社会主义制度的政治优势，有效调动各方面积极性，集中力量办大事，促进各地区各部门、各行各业、各条战线全面参与，心往一处想、劲往一处使，汇聚起现代化建设的强大合力。

---

①《习近平谈治国理政》第二卷，外文出版社 2017 年版，第 79 页。

坚持以人民为中心，不断增进人民福祉*

* 作者黄海，湖南省社会科学院研究员。

习近平总书记指出："新中国成立不久，我们党就提出建设社会主义现代化国家的目标，未来30年将是我们完成这个历史宏愿的新发展阶段。"[1] 消除贫困、改善民生、实现共同富裕是社会主义的本质要求，是我们党坚持全心全意为人民服务根本宗旨的重要体现。推进中国式现代化，必须始终坚持以人民为中心，努力满足人民日益增长的美好生活需要，不断增进人民福祉。

进一步提高人民收入水平。习近平总书记强调："满足人民日益增长的物质需求，必须抓好经济社会建设，增加社会的物质财富。"[2] 抓好经济社会建设，不断增加社会物质财富，大力提高人民收入水平和生活水平，才能不断满足人民日益增长的美好生活需要，为实现我国社会主义现代化提供坚实物质基础。"十三五"时期，我国人民收入水平得到较大提升，2020年全国居民人均可支配收入达32189元；城乡差距逐步缩小，城乡居民人均可支配收入比值为2.56，比上年缩小0.08；人均国内生产总值连续两年超过1万美元，稳居中等偏上收入国家行列。但也应看到，同发达国家相比，我国人均收入水平仍有较大差距。《中华人民共和国国民经济和社会发展第十四个五年规划和2035年远景目标纲要》把改善民生放在更加突出的位置，设定的20项指标中有7个是

① 《深入学习坚决贯彻党的十九届五中全会精神　确保全面建设社会主义现代化国家开好局》，《人民日报》2021年1月12日。

② 《习近平谈治国理政》第二卷，外文出版社2017年版，第315页。

民生福祉类，占比超过1/3，为历次五年规划中最高，覆盖就业、收入、教育、医疗、养老、托育等民生领域。进一步提高人民收入水平，要强化就业优先政策，坚持经济发展就业导向，实现更加充分更高质量就业；优化收入分配结构，坚持居民收入增长和经济增长基本同步、劳动报酬提高和劳动生产率提高基本同步，持续提高低收入群体收入，扩大中等收入群体，更加积极有为地促进共同富裕。

全面推进健康中国建设。2021年3月，习近平总书记在福建考察时指出："人民健康是社会主义现代化的重要标志。"加快提高卫生健康供给质量和服务水平，是适应我国社会主要矛盾变化、满足人民美好生活需要的要求，也是实现经济社会更高质量、更有效率、更加公平、更可持续、更为安全发展的基础。面对人民群众多层次多样化健康需求，要全面推进健康中国建设，把保障人民健康放在优先发展的战略位置，融入经济社会发展各项政策，加快发展卫生健康事业，扩大优质健康资源供给，不断增强人民群众的获得感幸福感安全感，让我国现代化更好造福人民。"十三五"时期，我国卫生健康事业取得显著成就，城乡居民健康水平持续提高。人均预期寿命从2015年的76.3岁提高到2019年的77.3岁，人民健康水平总体上优于中高收入国家平均水平。"十四五"时期，要把保障人民健康放在优先发展的战略位置，坚持预防为主的方针，深入实施健康中国行动，为人民提供全方位全生命期健康服务。改革疾病预防控制体系，强化监测预警、风险评估、流行病学调查等职能。坚持基本医疗卫生事业公益属性，深化医药卫生体制改革，扩大医疗服务资源供给。健全全民医保制度，推动中医药传承创新，深入开展爱国卫生运动，促进全民养成文明健康生活方式。

健全多层次社会保障体系。中共中央政治局于 2021 年 2 月 26 日下午就完善覆盖全民的社会保障体系进行第二十八次集体学习，习近平总书记在主持学习时强调："社会保障是保障和改善民生、维护社会公平、增进人民福祉的基本制度保障，是促进经济社会发展、实现广大人民群众共享改革发展成果的重要制度安排，是治国安邦的大问题。"党的十九大报告绘就了我国到 2035 年基本实现现代化、到本世纪中叶全面建成社会主义现代化强国的宏伟蓝图，也为完善中国特色社会保障体系提供了行动指南。"十三五"时期，我国建成了世界上规模最大的社会保障体系，基本医疗保险覆盖超过 13 亿人，基本养老保险覆盖近 10 亿人，社会保障水平明显提升。也应看到，随着社会主要矛盾发生转化，人民需求的多样化、就业方式的多样化、人口老龄化趋势的发展、经济增长方式的转变等，都会对完善社会保障体系造成一定影响，对推进人口规模巨大的现代化带来新挑战。"十四五"时期，要坚持应保尽保原则，改革完善社会保险制度，优化社会救助和慈善制度，健全退役军人工作体系和保障制度，加快健全覆盖全民、统筹城乡、公平统一、可持续的多层次社会保障体系，进一步织密社会保障安全网，促进我国社会保障事业高质量发展、可持续发展，为广大人民群众提供更可靠、更充分的保障，不断满足人民群众多层次多样化需求。

更加重视人的全面发展*

* 作者孙来斌，北京大学马克思主义学院教授。

习近平总书记指出："我们将坚持把发展作为第一要务，坚持以人为本，坚持改革开放，全面推进经济建设、政治建设、文化建设、社会建设、生态文明建设，促进现代化建设各个方面、各个环节相协调"。[①] 这深化了我们党对社会主义现代化建设规律的认识，指导和推动我国社会主义现代化建设不断迈出坚实步伐。全面建设社会主义现代化国家，必须更加重视人的全面发展。

唯物史观认为，人类社会发展是一个从低级到高级、由简单到复杂的过程。作为人类社会发展的现代表现，现代化反映一个国家现代文明的发展过程。在这个过程中，人是最具有决定性和创造性的力量，是最活跃的要素。人的全面发展影响和决定着其他方面的现代化，是现代化的实质和核心。恩格斯指出："我们的目的是要建立社会主义制度，这种制度将给所有的人提供健康而有益的工作，给所有的人提供充裕的物质生活和闲暇时间，给所有的人提供真正的充分的自由。"[②] 如何保持人的全面发展与社会现代化的平衡，是世界现代化史上的一大难题。一些国家和地区推进现代化的经验教训表明，精神文明建设滞后于物质文明建设，见物不见人，往往导致人文精神的迷失，最终拖延整个现代化的进程。

中国共产党历来重视人的发展，强调人的发展与社会发

---

①《习近平致2013成都〈财富〉全球论坛的贺信》，《人民日报》2013年6月7日。
②《马克思恩格斯全集》第二十八卷，人民出版社2018年版，第652页。

展、与社会现代化的辩证统一。中国特色社会主义进入新时代，以习近平同志为核心的党中央坚持以人民为中心，更加重视促进人的全面发展和社会全面进步，推动实现物的不断丰富和人的全面发展相统一。这反映了现代化的发展规律，丰富和发展了马克思主义人的全面发展理论。

在一个国家，人的全面发展主要通过人口素质的提升和发展体现出来，具体表现为较高的人口智力水平、文明的社会风尚、良好的国民健康水平等方面的内容。作为世界上第一人口大国，中国如此巨大的人口体量进入现代化，这在世界上前所未有。有资料表明，18 世纪下半叶英国开启现代化时人口是千万级的，20 世纪后美国逐渐领跑现代化时人口是上亿级的，中国的现代化是“10 亿级”超大人口规模的现代化。当今世界，实现工业化的发达国家和地区的人口总和不到 10 亿人。中国实现现代化，意味着世界上实现现代化国家和地区的人口翻了一番多。这将彻底改写现代化的世界版图，在人类发展史上产生重大而深远的影响。

中国式现代化坚持以人民为中心，是为了人民、依靠人民、成果由人民共享的现代化。改革开放以来特别是党的十八大以来，我国脱贫攻坚战取得全面胜利，全面建成小康社会取得伟大历史性成就，人的全面发展取得新进步。也应看到，我国社会主要矛盾发生了转化，人民对美好生活的向往总体上已经从“有没有”转向“好不好”，呈现多样化、多层次、多方面的特点。这对我们推进社会主义现代化建设提出了新的更高的要求。

习近平总书记强调："在全面建设社会主义现代化国家新征程中，我们必须把促进全体人民共同富裕摆在更加重要的位置，脚踏实地、久久为功，向着这个目标更加积极有为地进行努力，促进人的全面发展和社会全面进步。"① 全面建成社会主义现代化强国、实现中华民族伟大复兴的中国梦，必须坚持以人民为中心的发展思想，破除制约高质量发展、高品质生活的体制机制障碍，不断满足人民日益增长的美好生活需要，努力改善人民生活品质。坚持以社会主义核心价值观引领文化建设，落实好《新时代公民道德建设实施纲要》《新时代爱国主义教育实施纲要》，推动形成适应新时代要求的思想观念、精神面貌、文明风尚、行为规范，进一步提高社会文明程度。青年学生是国家和民族的未来，是推进现代化的生力军。促进人的全面发展，需要全面贯彻党的教育方针，落实立德树人根本任务，健全学校家庭社会协同育人机制，增强青年学生文明素养、社会责任意识、实践本领，培养德智体美劳全面发展的社会主义建设者和接班人。

---

① 习近平：《在全国脱贫攻坚总结表彰大会上的讲话》，人民出版社 2021 年版，第 21 页。

从“全面建成小康社会”到“中国式现代化”*

* 摘自上观新闻 2021 年 7 月 7 日。作者：丁倩，中共浦东新区党校教师；袁秉达，中共上海市委党校教授。

习近平总书记在庆祝中国共产党成立100周年大会上庄严宣告:“经过全党全国各族人民持续奋斗,我们实现了第一个百年奋斗目标,在中华大地上全面建成了小康社会,历史性地解决了绝对贫困问题,正在意气风发向着全面建成社会主义现代化强国的第二个百年奋斗目标迈进。这是中华民族的伟大光荣!这是中国人民的伟大光荣!这是中国共产党的伟大光荣!”千百年来中华民族孜孜以求小康梦的实现,是实现中华民族伟大复兴中国梦的重要里程碑和精彩华章。

“小康”是一个富含历史文化底蕴的“中国式现代化”目标

小康,在中国大地上历来是一个含有深厚历史文化底蕴、具有广泛群众基础、富有鲜明时代特征的美好理想。中国共产党团结带领中国人民经过百年奋斗,使“小康”从流行数千年的美好社会理想转变为亿万人民安居乐业的现实图景,成为中国式现代化的显著标志和阶段性目标。

“惠此中国,以绥四方”:
中华民族古老而富有诗意的美好社会理想

“小康”,作为中国语境中的独特概念,其词源可追溯到《诗经·大雅·民劳》中的“民亦劳止,汔可小康;惠此中国,以绥四

方”，是中华民族古代先民热情讴歌和执着追求的一种美好生活愿景，是介于温饱和富裕之间的生活状态。

在儒家文化典籍中，“小康”是相对于“大同”而言的。在《礼记·礼运》中，孔子对“大同”和“小康”分别提出了自己的设想和描绘。“大同”社会是较高境界的理想社会，而“小康”社会则是相对低一层次的现实社会。千百年来，“小康”不仅浸润在数千年传承的中华民族文化底蕴中，而且积淀在亿万人民向往美好生活的心灵深处；“小康”既是中国老百姓对宽裕、殷实、稳定、安宁生活描述的代名词，也是最具感召力凝聚力的社会理想。中国共产党采用“小康”概念谋划当代中国的现代化发展目标，寄托了中华民族数千年来的希冀与期盼，反映了中华儿女对美好生活的不懈追求，既符合中国发展实际，也最容易得到最广大人民的认同和支持。

“翻两番，奔小康”：中国式现代化的阶段性目标

在数千年的中国历史进程中，无论哪一派的“大同”理想和“小康”追求，都有其一定的局限性。以往历朝历代都没有真正在中国实现“小康社会”的理想，只有中国共产党带领中国人民经过百年奋斗，“小康”才从理想追求变成了现实生活。

改革开放之初，邓小平首先用“小康”来诠释中国式现代化。1979 年 12 月 6 日，邓小平在会见日本首相大平正芳时谈到了 20 世纪

末我国的奋斗目标："我们要实现的四个现代化，是中国式的四个现代化。我们的四个现代化的概念，不是像你们那样的现代化的概念，而是'小康之家'。"1984年3月25日，邓小平在同日本首相中曾根康弘谈话时指出："翻两番，国民生产总值人均达到八百美元，就是到本世纪末在中国建立一个小康社会。这个小康社会，叫做中国式的现代化。"从此，"小康"一词有了新的时代内涵和历史意义，成为"中国式现代化"的阶段性目标。

从"总体达到小康"到"全面建设小康"：小康社会构想的延续与升华

建设小康社会是一个跨世纪的奋斗目标，可以分为前半程与后半程两个阶段。从1980年至2000年，我国解决温饱问题，完成了邓小平规划的"翻两番，奔小康"的奋斗目标，人民生活总体达到小康水平。在此基础上，我们党作出从2000年到2020年要"全面建设小康社会"的庄严承诺。"总体小康"是小康社会建设的前半程，"全面小康"则是小康社会建设的后半程。

进入21世纪，我国的现代化从"总体达到小康水平"向"全面建设小康社会"转变。党的十六大提出21世纪头二十年全面建设惠及十几亿人口的更高水平小康社会的奋斗目标，同时指出小康社会"经济更加发展、民主更加健全、科教更加进步、文化更加繁荣、社会更加和谐、人民生活更加殷实"，昭示了"小康"目标从单向度朝全面性、从达标性要求向优质性要求的重要转变。党的十七大报告从“增强发展协调性”“扩大社会主义民主”“加强文化建设”“加快发展社会事业”“建设生态文明”等方面对全面建设小康社会提出新的更高要求。从党的十六大到党的十八大这 10 年间，尽管我国经历了“非典”、国际金融危机、汶川大地震等一系列严峻考验，但我们始终扭住这个目标不放松，全面建设小康社会取得了显著成绩，为实现中华民族伟大复兴提供了充满活力的体制保证和快速发展的物质条件。

从“全面建设小康”到“决胜全面建成小康”：小康目标发展的新境界

党的十八大之后，我国进入决胜全面建成小康社会的新阶段。党的十八大报告明确提出“到 2020 年实现全面建成小康社会”的目标任务，从经济、政治、文化、社会和生态五个方面，对全面建成小康社会的目标进行充实和完善。比对“全面建设小康”的经济社会发展指标，有一个重大变化，即由“2020 年人均国民生产总值在 2000 年基础上翻两番”调整为“到 2020 年实现国民生产总值和城乡居民人均收入比 2010 年翻一番”，这个指标的变化，彰显了国民生产发展与居民收入提升同步翻番的新发展理念。同时，相较于“全面建设”的提法，“全面建成”更注重生产发展的高质量和人民生活幸福的结果，充分体现出中国共产党始终不渝的初心使命和改革创新的时代精神。在此基础上，习近平总书记在党的十九大报告中指出“从现在到二〇二〇年，是全面建成小康社会决胜期”，进一步明确了全面建成小康社会的决胜阶段重要任务，即“抓重点、补短板、强弱项，特别是要坚决打好防范化解重大风险、精准脱贫、污染防治的攻坚战，使全面建成小康社会得到人民认可、经得起历史检验”[①]。

改革开放以来，中国共产党团结带领中国人民接力奋斗，一茬接着一茬干、一棒接着一棒跑，实现了从“温饱不足”到“全面建成小康社会”的历史性跨越，为实现社会主义现代化奠定了坚实基础和有利条件。

解决绝对贫困问题和全面建成小康社会
是实现中国梦的关键一步

实现中华民族伟大复兴，是近代以来中华民族最伟大的梦想。习近平总书记指出：“全面建成小康社会是我们现阶段战略目标，也是实现中华民族伟大复兴中国梦关键一步。”[②] 全面建成小康社会的“小康梦”与民族复兴的“中国梦”紧密联系、相互交

① 习近平：《决胜全面建成小康社会　夺取新时代中国特色社会主义伟大利——在中国共产党第十九次全国代表大会上的报告》，人民出版社 2017 年版，第 27—28 页。

② 《习近平谈治国理政》第二卷，外文出版社 2017 年版，第 26 页。

融，共同汇聚成人民美好生活的幸福图景。

全面建成小康社会作为实现“中国梦”的“关键一步”，主要体现在彻底解决掣肘中华民族数千年的绝对贫困问题。全面小康的“全面”，关注的是全部人口生存状态的整体提升，除了意味着全面小康覆盖的领域要全面，实现经济、政治、文化、社会、生态“五位一体”总体布局的全面进步和协调发展之外，还意味着覆盖的区域要全面，实现城乡区域共同的小康，覆盖的人口要全面，实现惠及全体人民的小康，只有千家万户都小康，才是实现中国人民的全面小康。因此，农村贫困人口全部脱贫，既是全面建成小康社会的标志性指标，也是决胜全面建成小康社会必须攻坚克难的底线任务。

党的十八大以来，以习近平同志为核心的党中央组织实施了人类历史上规模最大、力度最强的脱贫攻坚战。经过 8 年持续奋斗，我们如期完成了新时代脱贫攻坚目标任务，现行标准下 9899 万农村贫困人口全部脱贫，832 个贫困县全部摘帽，12.8 万个贫困村全部出列，区域性整体贫困得到解决，完成了消除绝对贫困的艰巨任务，创造了又一个彪炳史册的人间奇迹。

建党百年华诞打赢脱贫攻坚战、全面建成小康社会，具有极其重要的里程碑意义。全面建成小康社会，一方面能够充分证明中华民族任人宰割、饱受欺凌的时代一去不复返了，充分证明中华民族和中国人民彻底摆脱被开除球籍的危险，创造了人类社会发展史上惊天动地的发展奇迹，使中华民族焕发出新的蓬勃生机，我们完全有信心有能力完成民族复兴的历史重任和艰巨使命；另一方面，也为实现中国梦奠定了更加坚实的发展基础，同时极大地提振了中华民族团结奋斗的向心力和内聚力，激励中华儿女求出最大公约数、画出最大同心圆，以基础更加扎实、干劲更加充足、精神更加焕发的崭新姿态，朝着第二个百年奋斗目标不断迈进。

全面建成小康社会有利于增强
走中国特色社会主义道路的高度自信

在人类社会从农业文明向工业文明迈进的过程中，几乎每个发展中国家都将现代化视为发展目标。近现代以来，现代化从西欧国家迅速向全球扩展既带来了文明发展，也造成一个严重的后果，就是“东方从属于西方”。第二次世界大战后，一些发展中国家纷纷移植西方现代化模式，结果与自身传统割裂，不仅未能实现现代化突围，反而加重了依附性和发展的脆弱性，甚至出现颠覆性失误。

自胜者强，自强者胜。在中国共产党领导下，中国人民一经掌握自己命运，跳出西方现代化窠臼，中国现代化就迎来广阔天地、展现勃勃生机。在社会主义建设初期，党中央作出新中国成立100周年实现“四个现代化”的宏伟战略目标，毛泽东主张走“中国式工业化”道路；在改革开放新时期，邓小平设计“分三步走”实现社会主义现代化的战略部署，并且把小康社会作为实现“中国式的现代化”的奋斗目标；在中国特色社会主义进入新时代之际，习近平总书记又进一步规划了经过两个15年的阶段性目标，实现新中国成立100周年全面建成社会主义现代化强国的战略部署，这些努力都充分表明，中国共产党领导中国人民在社会主义制度下走的是一条不同于西方国家的、具有中国特色的社会主义现代化道路。

从价值取向看，实现共同富裕是社会主义的本质特征，也是全面建成小康社会、实现社会主义现代化的目标导向。从“总体达到小康”到“全面建成小康”、从“基本实现现代化”到“全面建成社会主义现代化强国”，共同富裕始终贯穿于中国人民追求社会主义现代化目标的历史进程之中。从实现路径看，中国没有走历史上西方大国靠殖民掠夺和侵略扩张的老路，我们走的是中国特色社会主义现代化道路。我们靠中国共产党领导人民团结奋斗，靠独立自主、自力更生、发愤图强，靠改革开放和创新发展，靠和平发展与合作共赢，从而使中华民族实现了从追赶时代到赶上时代、再到引领时代的历史性进步，实现了从站起来、富起来到强起来的历史性飞跃。

全面建成小康社会的如期实现，充分证明了我们党关于社会主义现代化建设的战略安排既不是空洞的口号，也不是“镜中花、水中月”，而是以不可辩驳的事实向世界昭示中国特色社会主义的正确性和优越性，正如习近平总书记在庆祝中国共产党成立100周年大会上所说：“中国特色社会主义是党和人民历经千辛万苦、付出巨大代价取得的根本成就，是实现中华民族伟大复兴的正确道路。我们坚持和发展中国特色社会主义，推动物质文明、政治文明、精神文明、社会文明、生态文明协调发展，创造了中国式现代化新道路，创造了人类文明新形态。”

当代中国的社会主义现代化道路，不是简单延续我国历史文化的母版，不是简单套用马克思主义经典作家设想的模板，不是其他国家社会主义实践的再版，也不是国外现代化发展的翻版，而是别具一格的科学社会主义新版、中国特色社会主义的正版。历史证明，只要我们找对发展方向、开辟正确道路，坚持不懈，我们就一定能够沿着中国特色社会主义康庄大道，直奔建设社会主义现代化强国的美好明天。

全体人民共同富裕的现代化

消除贫困、改善民生、实现共同富裕，是社会主义的本质要求，是我们党矢志不渝的奋斗目标。怎样理解中国式现代化坚持共同富裕的价值取向？怎样在现代化建设中不断促进共同富裕？

在全面建设社会主义现代化国家新征程中，我们必须把促进全体人民共同富裕摆在更加重要的位置，脚踏实地、久久为功，向着这个目标更加积极有为地进行努力，促进人的全面发展和社会全面进步。

——习近平总书记2021年2月25日在全国脱贫攻坚总结表彰大会上的讲话

全面建设社会主义现代化国家的物质基础更坚实 *

* 作者刘元春，上海财经大学校长。

党的二十大报告提出，十年来，我们“采取一系列战略性举措，推进一系列变革性实践，实现一系列突破性进展，取得一系列标志性成果，经受住了来自政治、经济、意识形态、自然界等方面的风险挑战考验，党和国家事业取得历史性成就、发生历史性变革，推动我国迈上全面建设社会主义现代化国家新征程”[①]。党的十八大以来，以习近平同志为核心的党中央统筹中华民族伟大复兴战略全局和世界百年未有之大变局，提出并贯彻新发展理念，着力推进高质量发展，推动构建新发展格局，我国经济实力实现历史性跃升，稳步从经济大国迈向经济强国，为全面建设社会主义现代化国家奠定了坚实物质基础。

完整、准确、全面贯彻新发展理念，经济高质量发展的基础更加牢固

习近平总书记指出：“党的十八大以来我们对经济社会发展提出了许多重大理论和理念，其中新发展理念是最重要、最主要的。”[②] 新发展理念是习近平经济思想的主要内容，贯彻新发展理念是关系我国发展全局的一场深刻变革。新时代十年，我们坚持

---

① 习近平：《高举中国特色社会主义伟大旗帜　为全面建设社会主义现代化国家而团结奋斗——在中国共产党第二十次全国代表大会上的报告》，人民出版社2022年版，第6页。

②《习近平谈治国理政》第四卷，外文出版社2022年版，第170页。

从根本宗旨、问题导向、忧患意识等方面把握新发展理念，把新发展理念贯穿发展全过程和各领域，我国经济发展质量和效益明显提升，经济高质量发展的基础更加牢固。

创新驱动取得突破性进展，创新成为我国经济增长第一驱动力。十年间，我国全社会研发经费支出从 1 万亿元增加到 2.8 万亿元，居世界第二位，科技进步贡献率从 52.2% 提升到超过 60%；全球创新指数排名由第三十四位上升到第十一位；国际专利申请数量连续 3 年位居世界第一；2011 年—2021 年 9 月，我国各学科“高被引”国际论文数为 4.29 万篇，居世界第二位、占比 24.8%；探月工程、火星探测计划、载人航天工程等顺利实施，高性能装备、智能机器人、增材制造、激光制造等技术取得突破；数字经济占国内生产总值比重接近 40%。

协调发展取得长足进展，发展不协调问题得到缓解。我国基尼系数改变了过去的上升趋势，收入分配差距拉大趋势得到有效遏制。城乡居民人均可支配收入比从 2012 年的 2.88 ：1 下降到 2021 年的 2.50 ：1。中部和西部地区生产总值占全国的比重由 2012 年的 21.3%、19.6% 提高到 2021 年的 22%、21.1%。第三产业增加值占国内生产总值比重从 2012 年的 45.5% 提高到 2021 年的 53.3%。城乡一体化发展取得新成效，常住人口城镇化率从 2012 年的 53.1% 上升到 2021 年的 64.7%，农业农村现代化加速推进。

绿色发展取得积极成效，各项指标发生转折性变化。十年来，我国地表水质优良（Ⅰ—Ⅲ类）断面比例提升了23.3个百分点，达到84.9%，已经接近发达国家水平；能耗强度累计下降26.4%，煤炭在一次能源消费中的占比下降12.5个百分点，2014—2021年年均下降1.4个百分点，是历史上下降最快的时期；可再生能源发电装机突破11亿千瓦，比十年前增长近3倍，占世界可再生能源装机总量的30%以上；水电、风电、光伏、生物质发电装机规模和在建核电规模稳居世界第一，清洁能源消费比重在能源消费增量中的份额超过60%，单位国内生产总值二氧化碳排放下降34.4%。2021年，全国地级及以上城市空气质量优良天数比率提高到87.5%，PM2.5平均浓度比2015年下降34.8%；森林覆盖率达到24.02%，近十年为全球贡献了1/4的新增森林面积，森林面积和蓄积量持续“双增长”；淘汰落后和化解过剩产能钢铁3亿吨、水泥4亿吨、平板玻璃1.5亿重量箱，为降低能耗和排放打下了坚实基础。

对外开放进一步深化，对世界经济增长贡献率稳定提升。中国对世界经济增长贡献率连续多年保持在30%左右，制造业增加值占全球比重由2012年的22.5%提高到2021年的近30%，持续保持世界第一制造业大国地位。2019—2021年，我国实际利用外资年均增速为10.8%，高于全球9.1个百分点。货物贸易进出口总额从2012年的24.4万亿元增加到2021年的39.1万亿元，连续5年排名全球第一，占国际市场的份额从2012年的10.4%提升到

2021 年的 13.5%，全球货物贸易第一大国地位进一步巩固。

共享发展取得历史性成绩，全体人民共同富裕扎实推进。打赢了人类历史上规模最大的脱贫攻坚战，历史性地解决了绝对贫困问题，提前 10 年实现联合国 2030 年可持续发展议程减贫目标，创造了人类减贫史上的奇迹。形成超 4 亿人口的世界最大规模中等收入群体，居民人均可支配收入超过 3.5 万元。建成世界上规模最大的教育体系、社会保障体系、医疗卫生体系，截至 2021 年底，全国基本养老保险、基本医疗保险覆盖人数分别达 10.3 亿人、13.6 亿人，参加失业、工伤、生育保险人数比 2012 年分别增加 7733 万人、9277 万人和 8323 万人。人类发展指数大幅提高，在 1990 年处于低人类发展水平组别的 47 个国家中，截止到目前，中国是唯一跻身高人类发展水平组的国家。

稳步从经济大国迈向经济强国，全面建设社会主义现代化国家的经济基础更加坚实

新时代十年，在习近平经济思想的科学指引下，我国经济迈上更高质量、更有效率、更加公平、更可持续、更为安全的发展之路，高质量发展特征更加明显，以国内大循环为主体、国内国际双循环相互促进的新发展格局加快构建，从经济大国迈向经济强国的脚步稳健有力。

经济实力实现历史性跃升。从总量看，十年来，我国国内生产

总值相继跨越 60 万亿、70 万亿、80 万亿、90 万亿、100 万亿、110 万亿元大关，从 2012 年的 54 万亿元增长到 2021 年的 114 万亿元，按不变价计算增长了 1.8 倍，我国经济总量占世界经济的比重达到 18.5%，提高 7.2 个百分点，稳居世界第二位。从人均看，我国人均国内生产总值从 2012 年的 6300 美元上升到 2021 年的 12551 美元，接近高收入国家门槛，人民生活水平大幅提升。

宏观经济稳定性明显增强。我国经济经受住了中美经贸摩擦及新冠肺炎疫情冲击的严峻考验，作为全球经济发展的稳定器、动力源，展现出强大韧性和发展潜力。2012—2021 年，我国国内生产总值年均实际增长约 6.6%，大大高于同期世界和发展中经济体平均增长水平；居民消费价格指数始终保持在 3% 以下，物价水平保持稳定；城镇登记失业率保持在 4.2% 以下，城镇新增就业年均 1300 万人以上；国际收支状况良好，外汇储备稳定在 3 万亿美元以上，稳居世界第一，是全球国际收支状况最健康的国家之一。

高标准市场体系加速形成。以习近平同志为核心的党中央以巨大的政治勇气全面深化改革，持续深化“放管服”改革，加快建设高标准市场体系，稳步扩大规则、规制、管理、标准等制度型开放，逐步形成高效规范、公平竞争、充分开放的全国统一大市场。我国营商环境全球排名从 2013 年的第九十六位跃升至目前的第三十一位；登记在册的市场主体总数由 2012 年的 5494.8 万户增加到2022年6月份的1.61亿户，增长1.92倍。

经济结构持续优化。最终消费支出对经济增长的贡献率从2012年的55.4%上升到2021年的65.4%，上升了10个百分点，经济发展驱动力开始摆脱过去主要依赖出口和投资的局面；第三产业增加值占国内生产总值的比重持续上升，对国内生产总值的贡献率从2012年的45%提升到2021年的54.9%，提高近10个百分点；制造业综合实力和国际影响力大幅提升，高技术、高质量、高附加值产品的比重和国际竞争力也大幅度提升，2013—2021年高技术产品出口年均增速达到5.1%，高技术产业实际使用外资从2016年的1409亿元提升到2021年的3469亿元，年均增速达到19.7%。

统筹发展和安全取得重大进展。安全是发展的前提，发展是安全的保障。以习近平同志为核心的党中央高度重视统筹发展和安全，下大力气转变经济发展方式，我国经济发展的安全性自主性得到明显提升。目前，我国经济发展外贸依存度已从2012年的45.3%降低到2021年的34.2%。我国还在粮食安全、产业链安全、金融安全等领域展开专项行动，逐步建立起一套严密完善的法治体系、战略体系、政策体系、风险监测预警体系和国家应急管理体系，筑牢了维护国家经济安全的屏障。

新时代十年，是贯彻落实新发展理念取得突出成效的十年；是我国经济实力、科技实力、综合国力跃上新台阶的十年；是全面深化改革开放、经济治理能力全面提升的十年；是经济发展平衡性、协调性、可持续性明显增强，高质量发展特征更加明显的十年；是深度融入全球经济，对世界经济影响力和贡献率持续提升的十年。新时代十年的伟大变革，是在以习近平同志为核心的党中央坚强领导下、在习近平新时代中国特色社会主义思想指引下全党全国各族人民团结奋斗取得的。我们要深刻领悟“两个确立”的决定性意义，贯彻落实党的二十大关于“加快构建新发展格局，着力推动高质量发展”的战略部署，完整、准确、全面贯彻新发展理念，坚持社会主义市场经济改革方向，坚持高水平对外开放，加快构建新发展格局，切实把高质量发展作为全面建设社会主义现代化国家的首要任务，为实现第二个百年奋斗目标奠定更为坚实的物质技术基础。

坚定不移
走共同富裕道路 *

* 作者艾四林，清华大学马克思主义学院院长。

在全国脱贫攻坚总结表彰大会上，习近平总书记庄严宣告："我国脱贫攻坚战取得了全面胜利。"这标志着我们党在团结带领人民创造美好生活、实现共同富裕的道路上迈出了坚实的一大步，也意味着我国社会主义现代化建设取得了又一个巨大成就。我国社会主义现代化建设之所以得到广大人民支持、取得辉煌成就，一个重要原因是我们在现代化征程上坚定不移走共同富裕道路。

共同富裕是中国人民自古以来的理想追求

千百年来，中华民族为消除贫困，过上富足、美好生活进行着不懈奋斗。习近平总书记指出："一部中国史，就是一部中华民族同贫困作斗争的历史。"[①]从孔子的"不患寡而患不均，不患贫而患不安"、孟子的"老吾老以及人之老，幼吾幼以及人之幼"，到《礼记·礼运》描绘的"小康"社会和"大同"社会状态，反映出中国人民自古以来对幸福生活、共同富裕的期盼和憧憬。然而在生产力水平低下、剥削阶级占统治地位的制度下，共同富裕只能是遥不可及的梦想。

当人类社会发展到资本主义社会，虽然生产力快速发展、物质

① 《在全国脱贫攻坚总结表彰大会上的讲话》，人民出版社 2021 年版，第 2 页。

财富快速增长，但劳动人民贫困化和社会贫富两极分化的程度却不断加深。马克思指出："在一极是财富的积累，同时在另一极，即在把自己的产品作为资本来生产的阶级方面，是贫困、劳动折磨、受奴役、无知、粗野和道德堕落的积累。"在揭露、批判资本主义制度弊端的基础上，马克思恩格斯指出："无产阶级的运动是绝大多数人的，为绝大多数人谋利益的独立的运动"[①]，在未来社会"生产将以所有的人富裕为目的"[②]。

可见，共同富裕是马克思恩格斯所设想的未来社会的重要特征。马克思主义同中华优秀传统文化和广大人民价值观念相通相融。在现代化征程上坚定不移走共同富裕道路，在我国具有深厚的历史渊源和思想基础。

实现共同富裕是我们党的重要使命

中国共产党是用马克思主义理论武装起来的先进政党。习近平总书记指出："中国共产党从成立之日起，就坚持把为中国人民谋幸福、为中华民族谋复兴作为初心使命，团结带领中国人民为创造自己的美好生活进行了长期艰辛奋斗。"[③]消除贫困、改善民生、

---

① 《马克思恩格斯文集》第二卷，人民出版社 2009 年版，第 42 页。
② 《马克思恩格斯选集》第二卷，人民出版社 2012 年版，第 786 页。
③ 《在全国脱贫攻坚总结表彰大会上的讲话》，人民出版社 2021 年版，第 3 页。

实现共同富裕，是社会主义的本质要求，是我们党的重要使命和矢志不渝的奋斗目标。

在新民主主义革命时期，我们党带领广大农民“打土豪、分田地”，实行“耕者有其田”，帮助穷苦人翻身得解放，就是为了让人民摆脱贫困，过上好日子。新中国的成立、社会主义制度的建立，为实现共同富裕奠定了根本政治前提和制度基础。我们坚定走社会主义道路，就是坚信这条道路能改变中国一穷二白的落后面貌，让人民过上共同富裕的生活。毛泽东同志指出：“现在我们实行这么一种制度，这么一种计划，是可以一年一年走向更富更强的，一年一年可以看到更富更强些。而这个富，是共同的富，这个强，是共同的强，大家都有份。”[①]

进入改革开放历史新时期，邓小平同志指出：“社会主义最大的优越性就是共同富裕，这是体现社会主义本质的一个东西。”[②]江泽民同志强调：“实现共同富裕是社会主义的根本原则和本质特征，绝不能动摇。”[③]胡锦涛同志强调：“使全体人民共享改革发展的成果，使全体人民朝着共同富裕的方向稳步前进。”[④]在推进社会主义现代化的进程中，我们党始终把实现共同富裕作为奋斗目标，坚持

---

①《毛泽东文集》第六卷，人民出版社 1999 年版，第 495 页。
②《邓小平文选》第三卷，人民出版社 1993 年版，第 364 页。
③《江泽民文选》第一卷，人民出版社 2006 年版，第 466 页。
④《胡锦涛文选》第二卷，人民出版社 2016 年版，第 291 页。

以经济建设为中心，大力解放和发展社会生产力，不断提高人民生活水平。

进入新时代，以习近平同志为核心的党中央明确指出“人民对美好生活的向往，就是我们的奋斗目标”[①]，并提出了全面建成小康社会新的目标要求。党的十九大报告提出，到 2035 年“全体人民共同富裕迈出坚实步伐”，到本世纪中叶“全体人民共同富裕基本实现，我国人民将享有更加幸福安康的生活”。党的十九届五中全会提出了更为具体的要求：到 2035 年“人均国内生产总值达到中等发达国家水平，中等收入群体显著扩大，基本公共服务实现均等化，城乡区域发展差距和居民生活水平差距显著缩小”“人的全面发展、全体人民共同富裕取得更为明显的实质性进展”。这些重要论述，指明了实现共同富裕的前进方向，描绘了实现共同富裕的宏伟蓝图。

为了逐步实现共同富裕，以习近平同志为核心的党中央把脱贫攻坚摆在治国理政的突出位置，把脱贫攻坚作为全面建成小康社会的底线任务，组织开展了声势浩大的脱贫攻坚战，在迎来中国共产党成立 100 周年的重要时刻，我国脱贫攻坚战取得了全面胜利，现行标准下农村贫困人口全部脱贫，贫困县全部摘帽，消除了绝对贫困和区域性整体贫困，创造了又一个彪炳史册的人间奇迹。

---

① 《习近平谈治国理政》第一卷，外文出版社 2018 年版，第 4 页。

社会主义现代化追求的是共同富裕

现代化是一个世界性潮流，实现现代化是各国人民的共同向往。在经济文化相对落后的国家建设社会主义，一个紧迫任务就是实现现代化。

近代以来，随着资本主义发展，一些西方国家率先迈入现代化国家行列。这些国家的一些人视西方国家为现代化国家、现代化社会的典范，认为其他国家只有接受西方模式才能走向现代化。但是，世界上没有两片完全相同的树叶。由于历史文化和国情不同，西方现代化的一些成功经验虽可借鉴，但决不可简单复制、照抄照搬。毛泽东同志指出："资本主义道路，也可增产，但时间要长，而且是痛苦的道路。我们不搞资本主义，这是定了的。"[①] 改革开放初期，邓小平同志指出："现在搞建设，也要适合中国情况，走出一条中国式的现代化道路。"[②]

富裕是各国现代化追求的目标，但中国式现代化追求的是共同富裕。习近平总书记指出："中国人民的成功实践昭示世人，通向现代化的道路不止一条，只要找准正确方向、驰而不息，条条大路

---

① 《毛泽东文集》第六卷，人民出版社 1999 年版，第 299 页。
② 《邓小平文选》第二卷，人民出版社 1994 年版，第 163 页。

通罗马。”[1]“共同富裕本身就是社会主义现代化的一个重要目标。”[2]理论和实践均已证明，我们追求的发展是造福人民的发展，我们追求的富裕是全体人民共同富裕，要使全体人民朝着共同富裕方向稳步前进，绝不能出现“富者累巨万，而贫者食糟糠”的现象。全体人民共同富裕，凸显了中国式现代化的社会主义性质，丰富了人类现代化的内涵，为解决人类问题贡献了中国智慧和中国方案。

在新征程中把促进全体人民共同富裕摆在更加重要的位置

在一个14亿人口的大国实现全体人民共同富裕，是一项前无古人的伟大事业。在全面建设社会主义现代化国家新征程中，我们必须把促进全体人民共同富裕摆在更加重要的位置，脚踏实地、久久为功，向着这个目标更加积极有为地进行努力。

充分发挥党的集中统一领导和我国社会主义制度的政治优势。在新征程中推进共同富裕，要充分发挥党的集中统一领导和我国社会主义制度的政治优势，做好共同富裕的顶层设计，不断探索促进共同富裕的制度、政策和工作体系，确保“共同富裕路上，一个

---

① 《开放共创繁荣创新引领未来：在博鳌亚洲论坛2018年年会开幕式上的主旨演讲》，人民出版社2018年版，第4页。

② 《习近平在十九届中央政治局第二十七次集体学习时强调完整准确全面贯彻新发展理念 确保“十四五”时期我国发展开好局起好步》，新华网，2021年1月29日。

也不能掉队”，走出一条具有中国特色的共同富裕之路。党的十九届五中全会向着更远的目标谋划共同富裕，《中华人民共和国国民经济和社会发展第十四个五年规划和 2035 年远景目标纲要》作出了具体部署。只要我们坚持党的全面领导，咬定目标不放松，一张蓝图干到底，就一定能够在促进全体人民共同富裕的道路上不断迈出坚实步伐。

坚持以人民为中心的发展思想。实现共同富裕体现了以人民为中心的根本立场。中国特色社会主义进入新时代，我国社会主要矛盾已经转化为人民日益增长的美好生活需要和不平衡不充分的发展之间的矛盾，人民对美好生活、实现共同富裕的期待越来越高。这要求我们充分调动人民群众的积极性、主动性、创造性，举全民之力推进中国特色社会主义事业，不断把“蛋糕”做大；同时始终把满足人民对美好生活的新期待作为发展的出发点和落脚点，把不断做大的“蛋糕”分好，通过提高人民收入水平、强化就业优先政策、建设高质量教育体系、健全多层次社会保障体系、全面推进健康中国建设、实施积极应对人口老龄化国家战略等举措改善人民生活品质，让社会主义制度的优越性得到更充分体现，让广大人民群众获得感幸福感安全感更加充实、更有保障、更可持续。

坚持以推动高质量发展为主题。改革开放 40 多年来，我国经济社会发展取得了巨大成就，国内生产总值连续多年稳居世界第二位，但经济大而不强的问题依然突出，我国仍然是世界上最大的发展中国家，发展仍然是解决我国一切问题的关键。习近平总书记强调："新时代新阶段的发展必须贯彻新发展理念，必须是高质量发展。"① 以推动高质量发展为主题，必须坚定不移贯彻新发展理念，以深化供给侧结构性改革为主线，坚持质量第一、效益优先，切实转变发展方式，推动质量变革、效率变革、动力变革，使发展成果更好惠及全体人民，为实现共同富裕奠定更为坚实的物质基础。

实现巩固拓展脱贫攻坚成果同乡村振兴有效衔接。我国脱贫攻坚战取得了全面胜利，但发展不平衡不充分问题仍然突出，城乡区域发展和收入分配差距较大，必须切实做好巩固拓展脱贫攻坚成果同乡村振兴有效衔接各项工作，接续推进脱贫地区发展和群众生活改善，努力使脱贫地区实现产业兴旺、生态宜居、乡风文明、治理有效、生活富裕。日前发布的《中共中央国务院关于实现巩固拓展脱贫攻坚成果同乡村振兴有效衔接的意见》明确了到 2025 年、到 2035 年的目标任务：到 2025 年，脱贫攻坚成果巩固拓展，乡村振兴全面推进，脱贫地区经济活力和发展后劲明显增强；到 2035 年，脱贫地区经济实力显著增强，乡村振兴取得重大进展，农村低收入人口生活水平显著提高，城乡差距进一步缩小，在促进全体人民共同富裕上取得更为明显的实质性进展。实现这样的目标任务，意味着全体人民共同富裕取得新的重大进展。

---

①《中国共产党第十九届中央委员会第五次全体会议文件汇编》，人民出版社 2020 年版，第 80 页。

深刻把握促进共同富裕的基本精神和实践要求*

* 作者高培勇，中国社会科学院副院长、中国社会科学院大学党委书记。

共同富裕是中国特色社会主义的本质要求，集中体现了我们党全心全意为人民服务的根本宗旨。习近平总书记指出："我们说的共同富裕是全体人民共同富裕，是人民群众物质生活和精神生活都富裕，不是少数人的富裕，也不是整齐划一的平均主义。"[①] 习近平总书记关于共同富裕的重要论述，是习近平经济思想的重要内容，为在新阶段促进共同富裕指明了前进方向、提供了根本遵循。

促进共同富裕首先要做大做好"蛋糕"，然后切好分好"蛋糕"

共同富裕是习近平经济思想的一个重要范畴，由"共同"和"富裕"两个关键词组成。"富裕"的前提是发展，要求把"蛋糕"做大做好。"共同"体现公平，要求把"蛋糕"切好分好。做大做好"蛋糕"和切好分好"蛋糕"，体现的是增长和分配、效率和公平的辩证关系。共同富裕只有在坚持发展中才能实现，离开了发展或脱离了富裕这个基础，就谈不上共同富裕。

习近平总书记指出："坚持以人民为中心的发展思想，在高质量发展中促进共同富裕，正确处理效率和公平的关系。"[②] 就现实国情而言，我国仍处于并将长期处于社会主义初级阶段，我国仍

①《习近平谈治国理政》第四卷，外文出版社 2022 年版，第 142 页。
②《习近平谈治国理政》第四卷，外文出版社 2022 年版，第 144 页

然是世界上最大的发展中国家，发展仍然是我们党执政兴国的第一要务。只有推动经济持续健康发展，才能筑牢扎实推动共同富裕的物质基础。因此，发展经济、把“蛋糕”做大做好仍然是我们的重要任务。只有紧紧抓住经济建设这个中心，通过全国人民共同奋斗把“蛋糕”做大做好，然后通过合理的制度安排把“蛋糕”切好分好，才能厚植共同富裕基础，最终实现共同富裕。

促进共同富裕不是搞平均主义，而是要鼓励勤劳创新致富

习近平总书记指出：“中国要实现共同富裕，但不是搞平均主义”[①]“要鼓励勤劳创新致富”“坚持在发展中保障和改善民生”[②]。共同富裕不是平均主义。平均主义虽然可以在短时间内拉平收入差距，貌似实现了分配结果上的平等，但由于不能体现劳动贡献的差别，缺乏机会公平和过程公平，会对人们的劳动积极性主动性创造性产生负向激励，导致有创新能力的人不再创新、辛勤劳动的人不再勤劳，经济发展陷入停滞甚至倒退。搞平均主义非但实现不了共同富裕，还会造成共同贫穷。在这方面，我们曾有过深刻的教训。

---

① 习近平：《坚定信心 勇毅前行 共创后疫情时代美好世界——在2022年世界经济论坛视频会议的演讲》，人民出版社2022年版，第9页

②《习近平谈治国理政》第四卷，外文出版社2022年版，第142页。

促进共同富裕不仅不能搞平均主义，还要鼓励勤劳创新致富。幸福生活都是奋斗出来的，共同富裕要靠勤劳和智慧来创造。只有人人参与、人人尽力，才能真正实现人人享有。要鼓励劳动者通过辛勤劳动、合法经营、创新创业迈向幸福美好生活。要认识到公平不仅包括结果公平，也包括机会公平和过程公平。既要关注结果公平，缩小收入差距；又要关注机会公平和过程公平，营造尊重劳动、尊重知识、尊重人才、尊重创造的政策体系和制度环境，为人们通过辛勤劳动、诚实劳动、合法经营、创新创业增收致富创造条件，为人们通过奋斗改变命运提供通道。只有在激励勤劳和创新的同时保证公平，才能形成正确的公平观，逐步实现共同富裕。

促进共同富裕要植根于社会主义市场经济土壤，坚持社会主义基本经济制度

近平总书记指出："搞社会主义市场经济是我们党的一个伟大创造"[1]"提出建立社会主义市场经济体制的改革目标，这是我们党在建设中国特色社会主义进程中的一个重大理论和实践创新，解决了世界上其他社会主义国家长期没有解决的一个重大问

①《习近平谈治国理政》第四卷，外文出版社 2022 年版，第 211 页。

题”[1]。坚持社会主义市场经济改革方向，核心问题是处理好政府和市场的关系，使市场在资源配置中起决定性作用，更好发挥政府作用，推动有效市场和有为政府更好结合。这表明，无论是加大税收、社会保障、转移支付等的调节力度，还是完善公共服务政策制度体系，在教育、医疗、养老、住房等人民群众最关心的领域精准提供基本公共服务，抑或是支持有意愿有能力的企业和个人积极参与公益慈善事业，都要与发展社会主义市场经济有机结合起来，在坚持社会主义基本经济制度的前提下推进。

植根于社会主义市场经济土壤促进共同富裕，就要发挥高收入群体和企业家的作用，鼓励他们更多回报社会，而绝不是“劫富济贫”；就要通过慈善捐款等方式发挥第三次分配对于改善分配结构的补充作用，坚持自愿而非强制的原则，反对任何形式的“逼捐”；就要更好发挥政府在收入分配以及公共服务供给中的作用，同时注意不能提过高的目标、搞过头的保障，坚决防止落入“福利主义”养懒汉的陷阱。

促进共同富裕，要通过坚持和完善社会主义基本经济制度，实现效率和公平相统一、相促进。“坚持两个毫不动摇”，坚持公有制为主体、多种所有制经济共同发展，大力发挥公有制经济在促进共同富裕中的重要作用，同时促进非公有制经济健康发展、

---

①《习近平谈治国理政》，外文出版社 2014 年版，第 94 页。

非公有制经济人士健康成长。坚持按劳分配为主体、多种分配方式并存，既坚持多劳多得，着重保护劳动所得，提高劳动报酬在初次分配中的比重，又健全以税收、社会保障、转移支付等为主要手段的再分配调节机制，还要完善第三次分配机制，发展慈善等社会公益事业。构建高水平社会主义市场经济体制，坚持要素市场化配置，致力于实现要素价格由市场决定、流动自主有序、配置高效公平，允许一部分人先富起来，同时强调先富带后富、帮后富，重点鼓励辛勤劳动、合法经营、敢于创业的致富带头人。

促进共同富裕不仅是经济问题，而且牵动社会再生产各方面和国家治理各领域

促进共同富裕，牵动社会再生产各方面和国家治理各领域，是一个关系发展全局的问题。它不仅是分配问题，而且涉及生产、交换、消费。它也不仅是经济问题，而是与政治建设、文化建设、社会建设、生态文明建设都密切相关。无论是单纯就分配维度谈共同富裕，寄希望于通过单一的分配制度调整来改善收入和财富分配格局，还是局限于经济视域论共同富裕，寄希望于通过单一的经济制度变革来缩小收入和财富分配差距，都是不全面的。

促进共同富裕，要从统筹兼顾经济社会各方面发展要求出发，坚持经济发展、社会进步和人民生活改善并重，综合施策。既要不断解放和发展社会生产力，不断创造和积累社会财富，又要

防止两极分化和阶层固化，实现社会和谐安定。既要通过高质量发展提高效率效益，又要着力从制度安排上促进社会公平正义，让发展成果更多更公平惠及全体人民。既要关注低收入群体，逐步提高城乡最低生活保障水平，兜牢基本生活底线，解决贫困问题，又要鼓励探索致富途径，通过保护产权和知识产权，保护合法收入、合法致富。既要关注“富口袋”，不断增加城乡居民收入，又要关注“富脑袋”，发展公共文化事业，完善公共文化服务体系，不断满足人民群众多样化、多层次、多方面的精神文化需求、增强人民精神力量。

只有在生产、分配、交换、消费以及经济建设、政治建设、文化建设、社会建设、生态文明建设的相互联系和彼此依存中促进共同富裕，才能统筹社会再生产各方面、协调国家治理各领域，促进人的全面发展和社会全面进步，实现人民群众物质生活和精神生活都富裕。

实现共同富裕是一个长期的历史过程，需要分阶段促进共同富裕

实现共同富裕目标，是一个长期的历史过程。习近平总书记指出：“要深入研究不同阶段的目标，分阶段促进共同富裕：到‘十四五’末，全体人民共同富裕迈出坚实步伐，居民收入和实际消费水平差距逐步缩小。到 2035 年，全体人民共同富裕取得更

为明显的实质性进展，基本公共服务实现均等化。到本世纪中叶，全体人民共同富裕基本实现，居民收入和实际消费水平差距缩小到合理区间。”[①] 从“十四五”到本世纪中叶，从全体人民共同富裕迈出坚实步伐到全体人民共同富裕基本实现，促进共同富裕既等不得也急不得，是一个需要耐心、实打实把一件件事办好的长期过程。

当前，我国发展不平衡不充分问题仍然突出，在现有生产力条件下，区域之间、城乡之间及个体之间存在适度差距是正常的。各地区推动共同富裕的基础和条件不尽相同，不可能齐头并进。既要自觉主动解决地区差距、城乡差距、收入差距等问题，促进基本公共服务均等化，又要清醒认识到全体人民共同富裕不是所有人都同时富裕，也不是所有地区同时达到一个富裕水准，不同人群不仅实现富裕的程度有高有低，时间上也会有先有后，不同地区富裕程度还会存在一定差异。共同富裕是一个在动态中向前发展的过程。在促进共同富裕过程中，既要尽力而为，又要量力而行。要统筹需要和可能，按照经济社会发展规律循序渐进，脚踏实地、久久为功，因地制宜探索有效途径，把保障和改善民生、促进共同富裕建立在经济发展和财力可持续基础之上，持续推动，不断取得成效，稳步朝着共同富裕目标迈进。

①《习近平谈治国理政》第四卷，外文出版社 2022 年版，第 142 页。

中国式现代化新道路重在以人民为中心*

* 本文摘自《21 世纪经济报道》，2021 年 7 月 2 日。

在坚持中国特色社会主义的背景下，我们不是简单地走西方福利主义的道路，而是形成一种既解决人民需求，同时又调动各方生产要素的新形态。

2021年7月1日上午，在庆祝中国共产党成立100周年大会上，习近平总书记庄严宣告："经过全党全国各族人民持续奋斗，我们实现了第一个百年奋斗目标，在中华大地上全面建成了小康社会，历史性地解决了绝对贫困问题，正在意气风发向着全面建成社会主义现代化强国的第二个百年奋斗目标迈进。"

习近平总书记指出："我们坚持和发展中国特色社会主义，推动物质文明、政治文明、精神文明、社会文明、生态文明协调发展，创造了中国式现代化新道路，创造了人类文明新形态。"

中国为实现全面建成小康社会付出了哪些努力？如何理解"中国式现代化新道路"？如何有效衔接两个百年奋斗目标？复旦大学政党建设与国家发展研究中心主任郑长忠就此接受了《21世纪经济报道》（以下简称"21世纪"）的专访。

面向未来的人类现代文明的中国形态

《21世纪》：习近平总书记庄严宣告，经过全党全国各族人民持续奋斗，我们实现了第一个百年奋斗目标，在中华大地上全面建成了小康社会，历史性地解决了绝对贫困问题。在这段征程中，中国为此付出了哪些努力？

郑长忠：全面建成小康社会的目标，体现着中国共产党的初心与使命。为此，我们分四阶段实现了这一战略目标。第一阶段，通过民主革命胜利，我们建立了社会主义国家，以社会主义制度推动现代化建设。

第二阶段，即社会主义建设阶段，采取计划经济和单位制的方式，构建了独立自主的完整工业体系和国民经济体系，为现代化建设奠定了基础。

第三阶段，通过改革开放，我们坚定不移地走上中国特色社会主义道路，发展中国特色社会主义市场经济，以先富带后富的方式，极大程度地调动了人民的整体积极性，使物质财富得以涌现，使人民生活水平得到提升。与此同时，我们又以政党的创新和发展推动社会的发展，使政治、经济、文化、社会、生态文明等各方面建设都有了质的飞跃。

第四阶段，我们发挥社会主义制度的优越性，在党建引领之下集全国之力进行精准扶贫，在短时间内完成了脱贫攻坚任务，历史性地解决了绝对贫困问题，宣告了第一个百年奋斗目标的圆满实现。

《21世纪》：你如何理解“中国式现代化新道路”？

郑长忠：现代化最早起源于西方，欧美国家率先以工业化进程推动现代化，其前提是走上资本主义道路，强调的是以资本为中心。

马克思与恩格斯在《共产党宣言》中指出，虽然资本主义的发展为现代化的发展、为现代文明的开启作出了巨大贡献，但却对工人阶级进行了残酷的剥削与压迫。因此，马克思恩格斯二人提出，要在发展资本主义现代化的基础之上，走出一条能够以人民为中心的现代化道路。具体路径是通过无产阶级的力量建立无产阶级专政国家，而后用国家力量推动人民民主，以社会主义方式来发展现代化，实现对资本主义现代化路径的“扬弃”。

马克思恩格斯二人在有生之年并没有看到理想道路的落地，但我们却通过马克思主义中国化，通过中国共产党以及中国人民的不懈努力，走上了他们所期待的道路。最重要的是，我们创造性地跨越了资本主义现代化进程，坚持走中国特色社会主义现代化道路，既推动了物质文明的高度发展，又摒弃了发展资本主义对人类社会造成的困境与痛苦，推动人的全面发展，推动社会的共同进步。所以，“中国式现代化发展道路”本质上就是中国特色社会主义道路。

“创造了人类文明新形态”指的是我们坚持以人民为中心的新型现代文明建构方式，有别于资本主义国家坚持的以资本为中心的人类文明形态。我们能够做到在党的领导之下，充分发挥劳动、资本、科技以及数据等各类生产要素的作用，充分吸收人类文明发展的成果，使现代化建设真正为人民服务。我把它称为“面向未来的人类现代文明的中国形态”。

坚持以人民为中心贯穿始终

《21世纪》: 当下，我国正朝着第二个百年奋斗目标迈进。全面建成小康社会与全面建成社会主义现代化强国要实现衔接，具体有哪些工作需要推进?

郑长忠: 全面建成小康社会目标的完成，是一个得来不易的成果。但我们要持续巩固这一历史性成果，首先需要做好脱贫攻坚同乡村振兴的有效衔接，防止返贫等现象的发生。

在宏观的战略部署上，党的十九大对实现第二个百年奋斗目标作出分两个阶段推进的战略安排——2035年基本实现社会主义现代化，2049年全面建成社会主义现代化强国。

在微观的战略部署上，“十四五”规划和2035年远景目标也作出了详尽的安排。具体来看，第一，从制度层面，我们需要将第一个百年发展过程中形成的国家治理体系以及现代化建设的成果作为制度性的保障，在第二个百年中更好地去运行完善，为前后两个阶段的衔接建立制度性的基础。

第二，从技术维度上，我们应该看到第一个百年的发展更多是在工业文明的层面上发力，既然我们已经推动实现了工业现代化，现在我们应该坚持新发展理念，在创新上下功夫，跟上世界科技革命的潮流，推动中国的全面数字化转型，使数字时代尽快到来。

第三，在价值理念上，必须进一步坚持以人民为中心，并在新的历史条件下，寻求这一理念新的发展实现形式，使之能够与制度和技术形成有机的配套。这就要求党的领导必须与时俱进，不断推进党的自我革命。

《21 世纪》：你对全面建成社会主义现代化强国有哪些展望？

郑长忠：第一，从生产力的角度来看，到了全面建成社会主义现代化强国之时，数字技术将会在工业文明的基础上得到充分的发展，数字文明时代将全面实现。

第二，坚持以人民为中心的发展理念。从全球新冠肺炎疫情防控的过程中，我们深刻地认识到，以资本为中心和以人民为中心，所产生的后果有极大的不同。部分西方国家不愿意踩下“刹车键”，只考虑到短期的利益，殊不知经济发展的目的是人的发展。这一举措不仅使人民群众的健康受到了极大的伤害，最终也使经济发展陷入泥潭。

当数字时代来临，在人既是消费者又是生产者的条件之下，以人民为中心，不仅仅是作为简单的意识形态的价值追求，而且已经成为提高人们消费能力与生产供给能力的重要现实基础。

第三，我们将在以人民为中心的基础之上，实现人的全面发展，带动社会的共同富裕。数字技术将精准对接供需，而在坚持中国特色社会主义的背景下，我们不是简单地走西方福利主义的道路，而是形成一种既解决人民需求，同时又调动各方生产要素的新形态。

最后，我们将制定更加适应数字时代的管理政策。平台经济的涌现、灵活就业形态的迅速发展、人与技术相互依存等现象背后，涉及伦理、价值与道德等一系列问题，这也对我们的社会治理方式提出了新的考验。

让发展成果更多更公平惠及全体人民*

* 作者何传启，中国科学院中国现代化研究中心主任、研究员，中国现代化战略研究课题组组长。

现代化既是一种世界现象和国际潮流，又是我国的发展目标和全体人民的共同期盼；既有普遍规律和共性特征，又有国别特色和多样性。党的十九大报告提出到本世纪中叶把我国建成富强民主文明和谐美丽的社会主义现代化强国。到那时，我国物质文明、政治文明、精神文明、社会文明、生态文明将全面提升，全体人民共同富裕基本实现，我国人民将享有更加幸福安康的生活。

从世界历史进程看，现代化具有一些共性特征。首先，现代化是一种世界现象，代表着 18 世纪工业革命以来人类社会发展趋势。其次，现代化是一种文明进步，要求人类文明从传统文明向现代文明转变，要求促进人的发展和保护生态环境。学术研究表明，现代化的内涵在不断丰富发展，不仅包括从农业经济向工业经济、从农业社会向工业社会转变，还包括从工业经济向知识经济、从工业社会向知识社会转变等。先发国家的现代化往往经历了一个工业化、城镇化、农业现代化、信息化按顺序发展的过程。后发国家则可以通过工业化、信息化、城镇化、农业现代化叠加发展来大大缩短实现现代化所用的时间。

因历史传统、现实国情、文化传承等不同，不同国家实现现代化有不同的内涵和外延，因而通向现代化的道路也会表现出国别特色和多样性。我国社会主义现代化既具有现代化的一般特征，又深刻体现社会主义本质和中国国情，是人口规模巨大的现代化、全体人民共同富裕的现代化、物质文明和精神文明相协调的现代化、人与自然和谐共生的现代化、走和平发展道路的现代化。其中，全体人民共同富裕深刻体现中国特色社会主义的本质要求，是中国式现代化的一个基本特征。

邓小平同志指出："社会主义的本质，是解放生产力，发展生产力，消灭剥削，消除两极分化，最终达到共同富裕。"① 新中国成立后特别是改革开放以来，我们党团结带领人民向着实现共同富裕的目标不懈努力，人民生活水平不断提高，在 20 世纪末总体上达到小康水平。

党的十八大以来，以习近平同志为核心的党中央采取一系列重大举措，大力消除贫困、改善民生、促进实现共同富裕。我们把脱贫攻坚作为重中之重，组织实施了人类历史上规模最大、力度最强的脱贫攻坚战，使现行标准下 9899 万农村贫困人口全部脱贫，区域性整体贫困得到解决，完成了消除绝对贫困的艰巨任务，脱贫攻坚战取得全面胜利。我们坚持在发展中保障和改善民生，坚持实施就业优先政策，就业规模不断扩大，就业结构持续优化，就业质量稳步提高。2016 年到 2019 年，我国城镇新增就业年均保持在 1300 万人以上，2020 年虽然受到新冠肺炎疫情冲击，我国就业形势依然保持稳定，城镇新增就业达到 1186 万人；坚持在经济增长的同时实现居民收入同步增长，收入分配状况显著改善，人均可支

① 《邓小平文选》第三卷，人民出版社 1993 年版，第 373 页。

配收入不断提高，城乡居民收入差距继续缩小，推动形成了世界上规模最大的中等收入群体；全面落实教育优先发展战略，教育总体发展水平已进入世界中上行列；建成世界上规模最大的社会保障体系，到2020年末，我国基本养老保险、基本医疗保险、失业保险和工伤保险参保人数分别达到9.99亿人、13.6亿人、2.17亿人和2.68亿人；实施健康中国战略，2015年到2019年，居民人均预期寿命从76.34岁提高到77.3岁，主要健康指标总体上优于中高收入国家平均水平。消除贫困、改善民生的巨大成就充分表明，共同富裕是我国社会主义现代化的重要目标和基本特征，它不仅仅是一种美好的理念和愿景，更是具有巨大实践成效的扎实行动。

我们在实现共同富裕的道路上迈出了坚实的一大步，但要看到，我国发展不平衡不充分问题仍然突出，城乡区域发展和收入分配差距较大，促进全体人民共同富裕仍是一项长期任务。习近平总书记指出："在全面建设社会主义现代化国家新征程中，我们必须把促进全体人民共同富裕摆在更加重要的位置，脚踏实地、久久为功，向着这个目标更加积极有为地进行努力。"[①] 这为我们在新征程中推动实现全体人民共同富裕指明了方向。

我们要深入学习贯彻习近平新时代中国特色社会主义思想，完整、准确、全面贯彻新发展理念，始终把满足人民对美好生活

① 习近平：《在全国脱贫攻坚表彰大会上的讲话》，人民出版社2021年版，第21页。

的新期待作为发展的出发点和落脚点，在实现现代化过程中不断地、逐步地解决好共同富裕问题。切实做好巩固拓展脱贫攻坚成果同乡村振兴有效衔接各项工作，让脱贫基础更加稳固、成效更可持续。坚持把解决好“三农”问题作为全党工作重中之重，坚持农业农村优先发展，走中国特色社会主义乡村振兴道路，让低收入人口和欠发达地区共享发展成果，在现代化进程中不掉队、赶上来。自觉主动解决地区差距、城乡差距、收入差距等问题，坚持在发展中保障和改善民生，统筹做好就业、收入分配、教育、社保、医疗、住房、养老、扶幼等各方面工作，更加注重向农村、基层、欠发达地区倾斜，向困难群众倾斜，促进社会公平正义，让发展成果更多更公平惠及全体人民，不断推动全体人民共同富裕取得更为明显的实质性进展。

小康社会思想是对中国式现代化道路的新设计*

* 作者胡项伯，南昌大学社会科学处处长。

实现小康社会，曾经是古代思想家的社会理想，广大民众的生活梦想，文明古国的千年追求，成为一种厚重的文化心理积淀和强大的精神内驱力。在改革开放新的历史时期，在设计中国现代化发展战略的过程中，邓小平深刻把握中国国情，洞悉世界现代化发展的趋势与方向，深入总结我国现代化进程中的成功经验与教训，承继优秀传统思想文化遗产，把国家富强与民生改善有机统一起来，赋予“小康”以新的时代内涵，作为中国现代化在20世纪末发展的新目标，形成了比较系统的小康社会思想。在过去的30多年里，小康社会思想从民族文化的根脉处找到了精神动员的力量，真正拨动了每一个中华儿女的心弦，成为凝聚全民意志、加快社会主义现代化建设的理论旗帜。

小康思想在民间影响深远，盛行千年而不衰，成为普通百姓对富裕殷实生活追求的目标。最早在孔门后学所述、西汉成书的《礼记·礼运》中把小康思想作为一种社会理想模式提出，并进行了较为系统的阐述，成为仅次于“大同”的理想模式。但由于封建社会的历史局限，这种社会理想从未得到实现。随着19世纪中叶鸦片战争的爆发，中国逐步沦为半殖民地半封建社会，中华民族陷入了灾难的深渊，面临着亡国灭种的严重危险。实现中华民族的复兴问题就成为热切期盼着国家富强和民族振兴的志士仁人执着的追求。“振兴中华”和对“大同”“小康”社会的向往成为中华儿女百余年的夙愿。

新中国成立以后，毛泽东曾将实现中华民族伟大复兴和人民生活幸福奋斗进程概括为两步：第一是争取国家独立、民族解放；第二是发展经济，使国家富强起来。毛泽东曾经这样说，从鸦片战争到1949年中华人民共和国成立，算是完成了第一个任务；这用了100年多一点的时间。完成第二个任务，也需要100年时间，即到21世纪中叶。改革开放后，邓小平把充满着民族特色的“小康”概念，用来诠释“中国式的现代化”，是基于社会主义初级阶段这一基本国情，是基于“在本世纪末实现四个现代化”这一宏大目标的现实考量。

“小康”的这一范畴，在邓小平理论中不是一个偶然使用的词语。查阅《邓小平文选》第一卷、第二卷、第三卷，“小康”这一范畴的使用达到四十余处，最多是使用“小康水平”，有时使用“小康社会”，有时使用“小康之家”，还有时使用“小康的国家”。由此可见，邓小平阐述小康社会思想最初是作为对中国社会主义现代化建设阶段目标提出来，是一种富有中国风格、简单通俗的表述。小康实际上也是“中国式现代化”的另一种表达，因而成为邓小平作为改革开放总设计师设计我国实现现代化发展战略步骤、战略目标的一个重要范畴。

邓小平小康社会思想孕育形成于20世纪70年代末期，发展和成熟于20世纪八九十年代。1979年3月，邓小平在《坚持四项基本原则》的讲话中提出，要使中国实现四个现代化，至少必须看到贫穷落后、底子薄、人口多、耕地少等问题，因此必须走一条中国式现代化的道路。1979 年 10 月 4 日他进一步指出："我们开了大口，本世纪末实现四个现代化。后来改了个口，叫中国式的现代化，就是把标准放低一点。""我们到本世纪末国民生产总值能不能达到人均上千美元？"[①] 同年 12 月 6 日，在会见日本首相大平正芳时，他把"中国式的现代化"同"小康之家"联系起来了，认为"我们要实现的四个现代化，是中国式的四个现代化。我们的四个现代化的概念，不是像你们那样的现代化的概念，而是'小康之家'"[②]。1980 年 1 月，在《目前的形势和任务》中，他再次谈到了小康目标问题，指出："到本世纪末，争取国民生产总值每人平均达到一千美元，算个小康水平。"[③]1984 年 3 月 25 日，他在会见日本客人时，正式明确提出了"小康社会"概念，认为"翻两番，国民生产总值人均达到八百美元，就是到本世纪末在中国建立一个小康社会。这个小康社会，叫做中国式的现代化"[④]。这标志着小康社会理论的形成。

由此可见，小康社会思想是邓小平对中国式现代化道路的新设计，起源于他对我国"在本世纪末实现四个现代化"宏大目标

① 《邓小平文选》第二卷，人民出版社 1994 年版，第 194 页。
② 《邓小平文选》第二卷，人民出版社 1994 年版，第 237 页。
③ 《邓小平文选》第二卷，人民出版社 1994 年版，第 259 页。
④ 《邓小平文选》第三卷，人民出版社 1993 年版，第 54 页。

的现实考量，服务于“中国式现代化”这一新的发展思路与发展理念。

小康社会思想规划了中国现代化进程的宏伟蓝图，成为邓小平现代化理论的核心，使中国现代化战略目标明确化、具体化、定量化、阶段化。为了使中国现代化的发展目标更加明确，邓小平为中国的现代化进程设计了“三步走”的宏伟蓝图。“三步走”战略和实现小康社会的战略目标是邓小平现代化理论的核心，也是他总结中国历史的经验，走出一条具有中国特色、符合中国国情的现代化道路的理性选择。

早在 1980 年，邓小平依据当时我国经济发展的现实情况，第一次明确提出了实现小康水平，要分为两步走的战略设想：就是把从 1980 年开始到 2000 年为止分为两个十年，即分为 1980 年到 1990 年、1990 年到 2000 年两步，逐步实现中国式的现代化奋斗目标，人民生活达到小康水平。1981 年邓小平在进一步具体论述小康社会的发展战略时，指出“经过我们的努力，设想十年翻一番，两个十年翻两番”[1]。党的十二大政治报告依据这一重要战略思想，全面部署到 2000 年翻两番、奔小康的战略构想。

邓小平小康社会思想目标指向是现代化。在设计了到 2000 年

① 中央文献研究室编：《邓小平思想年编：1975—1997》，中央文献出版社 2011 年版，第 361 页。

的发展战略目标之后，他开始分析探讨新世纪的战略发展问题，以准确定位中国式现代化的发展目标。他指出："我们摆在第一位的任务是在本世纪末实现现代化的一个初步目标，这就是达到小康的水平。……再花三十年到五十年时间，接近发达国家的水平。"[①] 值得注意的是，邓小平在这时对发展目标的界定，使用了具体数字的量化标准，比如人均国民生产总值 4000 美元、国民生产总值 6 万亿美元，第一次提出了再翻两番的发展速度，用 30—50 年达到"中等发达国家"的发展目标。到了 1987 年，邓小平进一步明晰了战略构想，开始把第一大步分为两步走，在党的历史上第一次形成并明确了"三步走"战略构想。他指出："我们制定的目标更重要的还是第三步，在下世纪用三十到五十年再翻两番，大体上达到人均四千美元。做到这一步，中国就达到中等发达的水平。"[②]

邓小平围绕着中国实现四个现代化的目标，所设计的跨世纪的"三步走"伟大战略构想，深刻揭示了小康社会思想所蕴含的辩证法思想。小康社会思想体现了起点与终点的辩证法，也体现了基础和目标的辩证法。在没有实现现代化之前，它是一个奋斗的宏伟目标；当我们实现了这个目标的时候，它又是

① 中央文献研究室编：《邓小平思想年编：1975—1997》，中央文献出版社 2011 年版，第 428 页。
② 《邓小平文选》第三卷，人民出版社 1993 年版，第 226 页。

一个我国基本实现现代化的基础和起点。小康社会思想是继承传统、反思历史、立足现实、放眼世界，提出的具有民族特色的现代化理论体系，包含着丰富的内涵和各方面具体要求。小康社会，是在我国进入社会主义初级阶段并将长期处于社会主义初级阶段这一国情条件下，全面推进国家政治、经济、文化、社会现代化建设，把我国建设成为一个富强、民主、文明、和谐的社会主义现代化国家过程的一个重要历史发展阶段。小康社会理论的提出，解决了落后国家怎样建设社会主义、实现社会主义社会发展过程，怎样区分为若干发展阶段等重大理论和实践问题。

小康社会思想是邓小平在运用马克思主义现代化理论指导中国现代化建设的具体实践中所产生的创造性的理论成果，是马克思主义现代化理论具有中国特色的逻辑表达。从表面上看小康社会似乎定位太低，难登马克思主义的“大雅之堂”。如果说，马克思主义创始人关于现代化的思想产生于19世纪40年代资本主义现代化快速发展时期，是马克思恩格斯在研究资本主义现代化的历史经验与教训，预测社会主义现代化的科学总结中形成的，它着眼于宏观的理论思考。那么，邓小平的小康社会思想则是在新的历史条件下，以马克思主义的科学方法为指导，以巨大的理论勇气重新诠释了在经济文化比较落后的国家如何建设社会主义现代化，如何从自身的本国国情出发实现社会主义现代化，如何站在20世纪后期现代化运动的浪潮中推进中国的现代化进程。

小康社会思想是邓小平把马克思主义现代化理论与中国的具体国情相结合，以其卓越的政治智慧创建的富有民族特色的现代化理论体系。作为中国社会主义现代化建设最通俗的表达，体现了典型的“为中国老百姓所喜闻乐见的中国作风和中国气派”[①]，从而使中国现代化打上了鲜明的中国特色的文化烙印。“小康社会”思想是一个道地民族语言形式。早在20世纪30年代，马克思主义哲学大众化通俗化运动中就有人提出了“中国化”概念，主要指的是“语言要中国化”，要达到“使听者明白”。毛泽东的马克思主义中国化的一个重要思想是马克思主义必须通过一定的民族形式才能实现。他反复强调，一定以中国的民族形式和语言把源于欧洲和俄国的马克思主义表现出来。通过一定的民族形式才能实现马克思主义与中国具体实际相结合。在改革开放新的历史时期，邓小平总结了三个方面的历史经验：中国近代史上模仿“西方模式”的历史教训；新中国成立后照搬“苏联模式”的历史教训；苏联和东欧国家长期不改革不适应于生产力发展的生产关系，一旦改革又背离马克思主义和社会主义的历史教训。他在此基础上把马克思主义现代化理论与中国的具体国情相结合，

① 《毛泽东选集》第二卷，人民出版社1991年版，第534页。

形成了小康社会思想。这一思想通过富有民族特色的形式展示了中国特色社会主义现代化的发展前景。邓小平为我国现代化建设指明的一个总原则是走符合国情的中国式社会主义现代化道路。在这一原则指导下，经过40余年的改革开放和现代化建设，中国式社会主义现代化就不再仅仅停留在原则层次上了，而是以社会有机体的方式展现出现代化进程所取得的成就。邓小平设想的小康社会将呈现出一个物质文明与精神文明协调发展，经济发展与政治文明协调统一，经济发展与社会进步相统一，当前发展与今后发展持续发展的社会。我们有理由相信，邓小平设想的小康社会将成为中国式社会主义现代化全面形成的第一个存在形态，将成为展示中国特色社会主义道路优越性的第一个社会有机统一体。

总之，邓小平小康社会理论以实现现代化为目标导向，以建设中国特色社会主义为理论内核。邓小平小康社会思想以马克思主义为方法，以世界现代化运动的经验为借鉴，以中国社会主义现代化运动的实践为基础，具体回答了中国现代化的发展道路、发展战略、发展动力、发展重点、发展目标、内部条件、外部条件、发展的形式。在现代化道路的取向上，邓小平提出要走自己的路，走出一条中国式社会主义现代化道路。在现代化建设的战略布局中，邓小平把发展社会生产力、实现国富民强，作为建设小康社会的中心任务和核心目标，将经济建设置于中心，由此展开现代化的战略布局。在现代化途径的选择和保障上，邓小平把坚持四项基本原则和改革开放作为实现小康社会的根本保障。这些具体战略构想揭示了中国社会主义现代化建设的基本规律，为中华民族的振兴开辟了崭新的道路，勾画出光辉的前景。

夯实中国式现代化的农业农村基础 *

* 作者曲福田，南京农业大学中国资源环境与发展研究院院长。

习近平总书记在党的二十大报告中强调："从现在起，中国共产党的中心任务就是团结带领全国各族人民全面建成社会主义现代化强国、实现第二个百年奋斗目标，以中国式现代化全面推进中华民族伟大复兴。"这为新时代新征程党和国家事业发展指明了前进方向，提供了根本遵循。全面建设社会主义现代化国家，最艰巨最繁重的任务仍然在农村。党的十八大以来，习近平总书记坚持用大历史观看待农业农村农民问题，发表一系列重要论述，科学回答了"三农"工作的一系列重大理论和实践问题，指引我国农业农村发展取得历史性成就、发生历史性变革。我们要全面贯彻习近平新时代中国特色社会主义思想，认真学习宣传贯彻党的二十大精神，全面推进乡村振兴，加快推进农业农村现代化，为中国式现代化夯实农业农村基础。

农业农村现代化是中国式现代化的重要组成部分

党的二十大闭幕后，习近平总书记在陕西省延安市和河南省安阳市考察时强调，全面推进乡村振兴，为实现农业农村现代化而不懈奋斗。民族要复兴，乡村必振兴。没有农业农村现代化，就没有整个国家现代化。加快推进农业农村现代化是中国式现代化的题中应有之义，是实现农业大国向农业强国跨越的基础和支撑。

从中华民族伟大复兴战略全局看，农业农村现代化是中国式现代化的重要基础。习近平总书记指出:“我们要坚持用大历史观来看待农业、农村、农民问题,只有深刻理解了‘三农’问题,才能更好理解我们这个党、这个国家、这个民族。”[①]近年来,虽然我国“三农”工作取得显著成就,但农业农村发展的基础还不稳固,城乡区域发展和居民收入差距仍然较大,城乡发展不平衡、农村发展不充分仍是当前我国社会主要矛盾的重要体现。实现农业农村现代化是全面建设社会主义现代化国家、全面推进中华民族伟大复兴的重大任务。

从世界百年未有之大变局看,农业农村现代化是中国式现代化的“压舱石”。当前,国际环境日趋复杂,不稳定性不确定性日益增加,百年变局与世纪疫情交织叠加,经济全球化遭遇逆流,世界进入动荡变革期。习近平总书记指出:“稳住农业基本盘、守好‘三农’基础是应变局、开新局的‘压舱石’”“‘三农’向好,全局主动”。[②]实现农业农村现代化,有利于保障粮食等重要农产品供给安全,以国内稳产保供的确定性应对外部环境的不确定性;有利于把几亿农民同步迈向现代化的巨量消费和投资需求充分释放出来,通过畅通城乡经济循环增强国内大循环内生动力和可靠性,加快形成新发展格局,有力有效应对世界百年未有之大变局。

①《习近平谈治国理政》第四卷,外文出版社 2022 年版,第 193—194 页。
②《习近平谈治国理政》第四卷,外文出版社 2022 年版,第 194 页。

从中国式现代化的特征和进程看，农业农村现代化是中国式现代化的重要一环。在现代化进程中，能否处理好工农关系、城乡关系，在很大程度上决定着现代化的成败。有的国家由于没有处理好工农关系、城乡关系，不仅乡村和乡村经济走向凋敝，而且工业化和城镇化也走入困境，甚至造成社会动荡，陷入“中等收入陷阱”。我国推动的新型工业化、信息化、城镇化、农业现代化同步发展，具有时间压缩、任务叠加、后发赶超、同步推进等“并联式”特征，超越了西方国家单一线性、渐次发展的“串联”模式。在“新四化”同步发展中，农业现代化是突出“短板”，迫切需要立足中国实际，探索中国式现代化发展规律，在中国式现代化大棋局中加快推进农业农村现代化。

深刻理解和把握农业农村现代化的丰富内涵

习近平总书记指出：“新时代‘三农’工作必须围绕农业农村现代化这个总目标来推进。”[①] 推进农业农村现代化，要深刻理解和把握农业农村现代化的丰富内涵，坚持走中国特色社会主义乡村振兴道路，坚持农业农村优先发展，让农业成为有奔头的产业，让农民成为有吸引力的职业，让农村成为安居乐业的美丽家园。

---

① 中共中央党史和文献研究院编：《习近平关于“三农”问题论述摘编》，中央文献出版社 2019 年版，第 44 页。

农业农村现代化是用现代科技和经营管理推动农业发展的过程。农业现代化关键在科技进步和创新。这就要求加快实施农业生物育种重大科技项目，早日实现重要农产品的种源自主可控；立足我国国情，加强农业与科技融合，加快农业科技创新步伐，努力抢占世界农业科技竞争制高点，显著提高我国农业科技进步贡献率。坚持粮食安全是“国之大者”，全方位夯实粮食安全根基，牢牢守住 18 亿亩耕地红线，确保中国人的饭碗牢牢端在自己手中；树立大食物观，发展设施农业，全方位、多途径开发食物资源。推进农业供给侧结构性改革，优化农业产业结构和生产区域布局，加快构建现代农业产业体系、生产体系、经营体系，提升农业劳动生产率，提高农业综合效益和竞争力。

农业农村现代化是消除城乡发展不平衡和乡村发展不充分、实现城乡一体化发展的过程。全面建设社会主义现代化国家，既要建设繁华的城市，也要建设繁荣的农村，推动工业和农业相互促进、城市与乡村相互融合。要坚持农业现代化和农村现代化一体设计、一体推进，健全城乡发展一体化体制机制，推动先进生产要素向乡村流动、公共服务向乡村延伸；大力践行绿水青山就是金山银山理念，加强农村生态文明建设，改善农村人居环境；保护农村传统村落，为老百姓留住鸟语花香的田园风光和美丽乡愁，着重提高农村生活品质。

农业农村现代化既包括“物”的现代化——现代化的农业

农村，也包括人的现代化——现代化的农民。要加快农业产业化步伐，盘活农村资产，发展新型农村集体经济，增加农民收入，让更多农民勤劳致富，共享发展成果，共享现代生活；把乡村建设摆在现代化建设的重要位置，坚持乡村建设为农民而建，逐步让农村基本具备现代生活条件，让农民过上好日子、过上现代化的生活；坚持物质文明和精神文明一起抓，提升农民精神风貌，让农民的思想道德观念、价值取向、科学文化素养和行为方式等适应现代化需要，加快培育新型农民。

实施乡村振兴战略是关系全面建设社会主义现代化国家的全局性、历史性任务，是加快推进农业农村现代化的有效途径。要坚持农业农村优先发展的总方针，按照产业兴旺、生态宜居、乡风文明、治理有效、生活富裕的总要求，建立健全城乡融合发展体制机制和政策体系，扎实推动乡村产业、人才、文化、生态、组织振兴，促进农业高质高效全面升级，农村宜居宜业全面进步，农民富裕富足全面发展，推动农业农村农民与工业城镇市民同步实现现代化，开启城乡融合发展和现代化建设新局面。

以全面推进乡村振兴加快农业农村现代化进程

党的二十大对全面推进乡村振兴、加快建设农业强国作出战略部署，为加快推进农业农村现代化提供了行动指南。我们要自觉用党的二十大精神统一思想和行动，坚持科学理论指导，强化组织保证，激发内生动力，一步一个脚印把党的二十大作出的重大决策部署付诸行动、见之于成效。

坚持科学理论指导。习近平总书记关于“三农”工作的重要论述是习近平新时代中国特色社会主义思想的重要组成部分，是做好新时代“三农”工作的行动纲领和根本遵循。我们要深刻认识习近平总书记关于“三农”工作的重要论述的历史逻辑，切实领会坚持党的农村工作基本立场、基本原则、基本方法、基本观点的历史必然；深刻认识习近平总书记关于“三农”工作的重要论述的理论逻辑，学深悟透“三农”工作的认识论、方法论、价值观；深刻认识习近平总书记关于“三农”工作的重要论述的实践逻辑，准确把握做好“三农”工作的主要路径和政策取向，确保新时代“三农”工作始终保持正确方向。

强化组织保证。习近平总书记指出：“农业农村农民问题是关系国计民生的根本性问题，必须始终把解决好‘三农’问题作为全党工作重中之重。”① 要健全党领导农村工作的组织体系、制度体系、工作机制，提高党把方向、谋大局、定政策、促改革的能力和定力，确保党始终总揽全局、协调各方，提高新时代党全面领导农村工作的能力和水平；健全党委全面统一领导、政府负责、

---

① 习近平：《论坚持全面深化改革》，中央文献出版社 2018 年版，第 359 页。

党委农村工作部门统筹协调的农村工作领导体制，落实五级书记抓乡村振兴要求；提高农村基层组织建设质量，建设一支懂农业、爱农村、爱农民的干部队伍，把党中央提出的重大任务转化为基层的具体工作，抓牢、抓实、抓出成效。

激发内生动力。解决农业农村现代化进程中遇到的各种矛盾和问题，要从农业农村发展的深层次矛盾出发，通过深化改革调动亿万农民的积极性、主动性、创造性，激活乡村振兴内生动力。巩固拓展脱贫攻坚成果，增强脱贫地区和脱贫群众内生发展动力。聚焦农民和土地的关系，把握“大国小农”的基本国情农情，深化农村土地制度改革，赋予农民更加充分的财产权益；健全农村要素市场化配置机制，畅通城乡要素流动；发展新型农业经营主体和社会化服务，发展农业适度规模经营，推进农业现代化。聚焦农民和集体的关系，深化村民自治实践，加强法治乡村建设，培育文明乡风淳朴民风，健全自治、法治、德治相结合的乡村治理体系，推进乡村治理现代化。聚焦乡村与城市的关系，加强城乡发展空间的统一规划，加大户籍制度改革力度，加快推进城乡统一的建设用地市场建设，推动城乡融合发展，努力形成工农互促、城乡互补、协调发展、共同繁荣的新型工农城乡关系。

运用教育文化科技手段，接续推进脱贫地区发展和群众生活改善 *

* 作者张欣怡，北京语言大学商学院副教授。

在全面建设社会主义现代化国家新征程中把促进全体人民共同富裕摆在更加重要的位置，要在巩固拓展脱贫攻坚成果的基础上做好乡村振兴这篇大文章，接续推进脱贫地区发展和群众生活改善。在脱贫攻坚实践中，我国综合运用教育、文化、科技等手段，不断提高贫困群众脱贫内生动力和贫困地区发展能力，取得良好成效。这些有益探索，对于巩固拓展脱贫攻坚成果、全面推进乡村振兴也具有重要价值。

教育是脱贫致富的治本之策。党的十八大以来，在以习近平同志为核心的党中央坚强领导下，我国全面落实教育扶贫政策，大力实施教育扶贫工程，提升贫困地区教育质量和均等化程度。在基础教育方面，各地学生资助体系不断完善，贫困生建档立卡流程逐步简化，相关财政投入资金不断增加，义务教育办学条件得到明显改善，努力让每个孩子都有人生出彩的机会。《乡村教师支持计划（2015—2020年）》对乡村教师队伍建设作出全面部署，为乡村教育注入新鲜血液，有效促进了教育资源平衡。在职业教育方面，农村地区职业教育突出“授人以渔”的教育理念，将知识学习与劳动实践结合起来，为农村学生拓展就业渠道，同时培养有文化、懂技术、善经营、会管理的新型职业农民。这说明，教育手段能够普及致富本领，阻断贫困代际传递，对于巩固拓展脱贫攻坚成果、全面推进乡村振兴具有基础性作用。

文化是激励群众依靠勤劳双手和顽强意志脱贫致富、改变命运的重要精神力量。无论脱贫攻坚还是乡村振兴，人民群众都是主体。必须坚持依靠人民群众，充分调动群众积极性、主动性、创造性，激励和引导他们靠自己的努力改变命运，不断增强脱贫致富的内生动力。在这方面，文化的作用不可替代。近年来，随着脱贫攻坚深入推进，对公共文化服务体系的改造提升全面展开。2015 年 1 月中共中央办公厅、国务院办公厅印发的《关于加快构建现代公共文化服务体系的意见》提出，推动革命老区、民族地区、边疆地区、贫困地区公共文化建设实现跨越式发展；集中实施一批文化扶贫项目。一项贫困地区图书馆发展研究表明，贫困地区的图书馆建设不仅促进农村居民更新文化观念、鼓舞脱贫致富干劲，而且为乡村建设和村民自治注入了活力、促进了乡风文明。这说明，巩固拓展脱贫攻坚成果、全面推进乡村振兴，需要用文化塑造人、鼓舞人、激励人。

科技创新是巩固拓展脱贫攻坚成果、推动乡村全面振兴的重要支撑。2015 年 8 月，国务院印发《促进大数据发展行动纲要》，要求建立“用数据说话、用数据决策、用数据管理、用数据创新”的管理机制。大数据技术被日益广泛地运用到精准扶贫工作中。一项以贵州、甘肃为案例的研究发现，大数据技术在实际应用中，能够有效减少信息不对称等问题，达到数据采集自动化、行业数据融合共享、市场风险预警等效果，进而提升精准扶贫工作的绩效。互联网带动了电商扶贫等新模式的发展，为脱贫致富注入新活力。比如，直播带货等方式被引入农副产品销售后，更多农民能够通过智能手机参与销售环节，也吸引了更多消费者实时参与“助农”行动。这说明，科学技术的应用不仅能直接为农业生产提供技术支持，而且能提高巩固拓展脱贫攻坚成果、全面推进乡村振兴的精准性，增强脱贫地区发展的生机活力，给人民群众带来更好生活、更多福祉。

肆

物质文明和精神文明相协调的现代化

实现民族复兴，既需要强大的物质力量，也需要强大的精神力量。中国特色社会主义是物质文明和精神文明全面发展的社会主义，中国式现代化是物质文明和精神文明相协调的现代化。全面建设社会主义现代化国家，向着第二个百年奋斗目标进军，必须把物质文明建设和精神文明建设都搞好，实现国家物质力量和精神力量都增强。

只有物质文明建设和精神文明建设都搞好，国家物质力量和精神力量都增强，全国各族人民物质生活和精神生活都改善，中国特色社会主义事业才能顺利向前推进。

——习近平总书记2013年8月19日在全国宣传思想工作会议上的讲话

推动“两个文明”协调发展*

* 作者中国社会科学院习近平新时代中国特色社会主义思想研究中心，由欧阳雪梅执笔。

新中国成立70多年来特别是改革开放40多年来，我们党领导人民成功开辟了一条中国式现代化道路，社会主义现代化建设取得了举世瞩目的伟大成就。中国式现代化是独具特色的社会主义现代化，强调物质文明和精神文明协调发展、物质力量和精神力量全面增强、人民群众物质生活和精神生活同步改善。

“两个文明”相协调是中国式现代化题中应有之义

中国式现代化是社会主义性质的现代化。邓小平同志指出：“我们搞的现代化，是中国式的现代化。我们建设的社会主义，是有中国特色的社会主义。”[①] 社会主义方向是中国式现代化发展的决定性因素。“通向现代化的道路不止一条”，我国要建设的现代化始终坚持社会主义目标与方向，是努力实现全面发展、全面进步的现代化，既要物质财富极大丰富，也要精神财富极大丰富，更要二者协调发展。中国式现代化强调“没有社会主义文化繁荣发展，就没有社会主义现代化”，克服了资本主义现代化的先天性弊病。党的十八大以来，以习近平同志为核心的党中央统筹推进“五位一体”总体布局、协调推进“四个全面”战略布局，文化是重要内容；推动高质量发展，文化是重要支点；满足人民日益增长的美

① 《邓小平文选》第二卷，人民出版社1994年版，第162页。

好生活需要，文化是重要因素；战胜前进道路上各种风险挑战，文化是重要力量源泉。增强文化自信、将精神文明建设推向更高水平，始终是中国式现代化的重要目标指向。

坚持以人民为中心、满足人民日益增长的美好生活需要，是中国式现代化的重要特征。习近平总书记指出："人民对美好生活的向往，就是我们的奋斗目标。"[1]只有坚持以人民为中心的发展思想，才会有正确的现代化发展道路。当前，人民群众对美好生活的需要是全方位、多层次的，不仅对物质生活提出了更高要求，而且对民主、法治、公平、正义、安全、环境等方面的要求日益增长，这决定了只有物质文明与精神文明协调发展，才能满足人民对美好生活的向往。还应看到，在社会主义现代化建设中，人是最活跃、最具创造性的因素，提高人民综合素质、促进人的全面发展是中国式现代化的重要内容。在马克思主义看来，物质文明的发展与精神文明的发展应该是相互统一的，人的现代化与人的自由全面发展是相互统一的，两者相辅相成。这也是我们始终坚持发展为了人民、发展依靠人民、发展成果由人民共享的道理所在。

回首过去，中国共产党领导中国人民找准中国式现代化前进方向，驰而不息走好自己的路；展望未来，我们要继续为全面建成社会主义现代化强国的历史宏愿而不懈奋斗。站在"两个一百年"奋

---

① 《习近平谈治国理政》第一卷，外文出版社 2018 年版，第 4 页。

斗目标历史交汇的关键节点，面对世纪疫情和百年变局交织，面对国内外发展环境发生深刻复杂变化，必须更加坚定、更加自觉地推动“两个文明”协调发展，推动国家硬实力与软实力建设齐头并进。特别要看到，在国际，保护主义、单边主义上升，世界经济增长低迷态势仍在延续，不稳定性不确定性明显增加，机遇和挑战之大都前所未有；在国内，社会思想意识多元多样多变，不同思想文化、不同道德观念、不同价值取向的碰撞交锋更加频繁，西方敌对势力一直在加紧对我实施西化分化。这些都要求我们从历史逻辑、理论逻辑、实践逻辑出发，继续深化对推动“两个文明”协调发展重要性的认识，不断增强“两手抓、两手都要硬”的行动自觉。

“两个文明”协调发展是中国共产党不懈奋斗的目标

我们党始终注重物质文明和精神文明协调发展。早在1940年，毛泽东同志就提出：“我们不但要把一个政治上受压迫、经济上受剥削的中国，变为一个政治上自由和经济上繁荣的中国，而且要把一个被旧文化统治因而愚昧落后的中国，变为一个被新文化统治因而文明先进的中国。”[①]

新中国成立后，毛泽东同志指出：“中国人民业已有了自己的

① 《毛泽东选集》第二卷，人民出版社1991年版，第663页。

中央政府。……它将领导全国人民克服一切困难，进行大规模的经济建设和文化建设，扫除旧中国所留下来的贫困和愚昧，逐步地改善人民的物质生活和提高人民的文化生活。”[①] 在社会主义建设时期，毛泽东同志指出：“将我国建设成为一个具有现代工业、现代农业和现代科学文化的社会主义国家。”[②] 在现代化建设中把科学文化和工业、农业并提，使中国式现代化道路的内涵愈加丰富。

党的十一届三中全会后，党中央高度重视物质文明与精神文明协调发展。邓小平同志指出：“我们要在建设高度物质文明的同时，提高全民族的科学文化水平，发展高尚的丰富多彩的文化生活，建设高度的社会主义精神文明。”[③] 强调物质文明和精神文明“两手抓、两手都要硬”。2000 年 2 月，江泽民同志在广东考察工作时讲话指出：“建设有中国特色社会主义，包括发展物质文明和精神文明两个方面，必须实现经济、社会的协调发展和全面进步。”胡锦涛同志指出：“必须把发展社会生产力同提高全民族文明素质结合起来，推动物质文明和精神文明协调发展，更加自觉、更加主动地推动文化大发展大繁荣。”[④]

党的十八大以来，习近平总书记高度重视物质文明和精神文

---

① 《毛泽东选集》第五卷，人民出版社 1996 年版，第 348 页。
② 《毛泽东文集》第七卷，人民出版社 1999 年版，第 207 页。
③ 《邓小平文选》第二卷，人民出版社 1994 年版，第 208 页。
④ 《胡锦涛文选》第三卷，人民出版社 2016 年版，第 163 页。

明协调发展，强调“以辩证的、全面的、平衡的观点正确处理物质文明和精神文明的关系”[①]，“只有物质文明建设和精神文明建设都搞好，国家物质力量和精神力量都增强，全国各族人民物质生活和精神生活都改善，中国特色社会主义事业才能顺利向前推进[②]”。现在，全面建成小康社会取得伟大历史性成就，全体人民不仅物质生活水平显著提高，而且精神文化生活日益丰富。习近平总书记指出：“实现中国梦，是物质文明和精神文明均衡发展、相互促进的结果。”“是物质文明和精神文明比翼双飞的发展过程。”[③]这要求我们在为实现中华民族伟大复兴不懈奋斗的每个阶段、每个环节，都要推动物质文明与精神文明协调发展。

以更大决心、下更大力气
推动“两个文明”相互促进、协调发展

到本世纪中叶，一个富强民主文明和谐美丽的社会主义现代化强国将屹立在世界东方，这势必深刻影响人类历史进程，为人类文明进步作出巨大贡献。党的十九届五中全会提出了“十四五”时期经济社会发展主要目标，其中社会文明程度得到新提高是重要内容，强调实现“社会主义核心价值观深入人心，人民思想道

① 《习近平谈治国理政》第二卷，外文出版社2017年版，第324页。
② 《习近平谈治国理政》第一卷，外文出版社2018年版，第153页。
③ 《在联合国教科文组织总部的演讲》，《人民日报》2014年3月28日。

德素质、科学文化素质和身心健康素质明显提高，公共文化服务体系和文化产业体系更加健全，人民精神文化生活日益丰富，中华文化影响力进一步提升，中华民族凝聚力进一步增强”。这充分表明，物质文明与精神文明协调发展是我们党领导中国式现代化建设始终不变的追求，推动“两个文明”协调发展是实现中华民族伟大复兴中国梦的重要支柱。

在新发展阶段推动“两个文明”协调发展，要充分认识二者协调发展的重要性和紧迫性，准确把握精神文明建设的基本要求，求真务实、真抓实干，贯彻落实社会主义精神文明建设的一系列重要方针原则，以更大的决心、下更大的力气，推动二者相互促进、协调发展。要提高思想认识，既要看到物质文明高度发展是精神文明发展的基础，能够为精神文明建设提供物质条件和实践经验，也要看到更高水平精神文明建设为物质文明建设提供精神动力和思想指引，还要看到二者互为因果、相得益彰的辩证关系。重在建设、以立为本，是精神文明建设的重要方针，也指明了推动“两个文明”协调发展的实践要求。坚持以推动高质量发展为主题，努力实现更高质量、更有效率、更加公平、更可持续、更为安全的发展，这尤其需要切实抓好精神文明建设的各项任务，坚持马克思主义在意识形态领域的指导地位，坚持以社会主义核心价值观引领文化建设，坚定文化自信，将精神文明建设推向更高水平。

协调发展，相互促进，走“两个文明”都搞好的现代化之路 *

* 作者韩翌旸，北京大学马克思主义学院。

实现现代化，作为人类文明发展进步的一个显著标志，是近代以来世界各国不懈追求的奋斗目标。中国式现代化是社会主义现代化，是促进人的全面发展和社会全面进步的现代化。这决定了中国式现代化必须推动物质文明和精神文明协调发展，“两个文明”都要搞好。

马克思主义唯物史观认为，经济基础决定上层建筑，上层建筑对经济基础具有反作用，社会发展是以物质文明和精神文明共同进步为前提和目标的。可见，社会主义现代化除了物质层面的进步，也包括精神领域的发展。这就要求马克思主义执政党在领导社会主义现代化建设时，必须高度重视精神文明建设，特别是把意识形态工作放到关乎旗帜、关乎道路、关乎国家政治安全的高度，一刻也不放松地紧紧抓在手中。1949 年 9 月，在新中国即将诞生之际，毛泽东同志就充满信心地预言：“随着经济建设的高潮的到来，不可避免地将要出现一个文化建设的高潮。中国人被人认为不文明的时代已经过去了，我们将以一个具有高度文化的民族出现于世界。”[①] 新中国成立后，我们党把物质文明和精神文明协调发展作为现代化建设的题中应有之义。改革开放后，我们党创造性地提出了社会主义精神文明建设的战略任务，确定了“两手抓、两手都要硬”的战略方针。党的十八大以来，以习近平

① 《毛泽东文选》第五卷，人民出版社 1996 年版，第 345 页。

同志为核心的党中央高度重视物质文明和精神文明协调发展，强调“实现中华民族伟大复兴的中国梦，物质财富要极大丰富，精神财富也要极大丰富。我们要继续锲而不舍、一以贯之抓好社会主义精神文明建设”[①]，为推动“两个文明”协调发展、全面建设社会主义现代化国家指明了前进方向。

中国式现代化坚持连续性发展，要求实现物质文明和精神文明相协调。任何一个国家的现代化都有一个从哪里来、到哪里去的问题。近代以来，无数仁人志士在上下求索中华民族救亡图存道路的过程中，无时无刻不在思索中华传统文化的现代转型问题。中国式现代化是在中国这块古老大地上推进的现代化，中国式现代化不仅要持续追求物质文明的发展，同时也要在精神文化上不断书写新的辉煌。源远流长、博大精深的中华优秀传统文化为中华民族生生不息、发展壮大提供了强大精神支撑，也是中国式现代化发展的沃土，中国式现代化的连续性发展必须建立在物质文明和精神文明协调发展、相互促进的基础上，必须做到“两手抓、两手都要硬”。

中国式现代化坚持全面推进，要求实现物质文明和精神文明相协调。到 2035 年基本实现社会主义现代化，到本世纪中叶全面建成社会主义现代化强国，这是一个包括经济建设、文化建设在

① 《习近平谈治国理政》第二卷，外文出版社 2017 年版，第 323 页。

内的各方面建设共同推进的奋斗目标。要实现物质文明和精神文明相协调，不仅要建设一个国力强盛的富强中国，也要建设一个文化繁荣的文明中国。我们党在领导人民推进社会主义现代化建设的进程中，创造了经济快速发展奇迹和社会长期稳定奇迹，在这一过程中社会主义文化不断繁荣发展。但也要看到，我国的文化软实力与我国文化资源大国和文明古国的地位还不相匹配，与我国的综合国力还不相适应。古往今来，一个大国的发展进程，既是经济总量、军事力量等硬实力提高的过程，也是价值观念、思想文化等软实力提高的过程。让中华民族以更加昂扬的姿态屹立于世界民族之林，必须在不断增强经济实力的同时，大力建设社会主义文化强国，推动社会主义文化大发展大繁荣，不断提高国家文化软实力。

中国式现代化坚持以人民为中心，要求实现物质文明和精神文明相协调。中国式现代化是以人民为中心的现代化，是注重物的不断丰富和人的全面发展相统一的现代化。当今时代，随着人类生产生活领域的不断拓展，人们的美好生活追求不仅仅停留在衣食住行等物质层面，对精神文化、民主法治、公平正义等方面的需求也越来越强烈。扎实推动共同富裕，解决发展不平衡不充分的问题，满足人民日益增长的美好生活需要，其中一个重要方面就是统筹推进物质文明和精神文明协调发展，既要实现物质生活水平提高、家家仓廪实衣食足，又要实现精神文化生活丰富、人人知礼节明荣辱。在全面建设社会主义现代化国家新征程上，我们必须更加坚定文化自信，把改善全国各族人民物质生活和精神生活结合起来，把满足需求与提高素质统一起来，推动物质文明和精神文明协调发展。

不断夯实中国式现代化的文化根基*

* 作者彭菊花，华中师范大学马克思主义学院。

文化兴则国家兴，文化强则民族强。习近平总书记在党的二十大报告中深刻阐述了中国式现代化五个方面的中国特色，其中一个重要方面就是“中国式现代化是物质文明和精神文明相协调的现代化”。推进中国式现代化需要强大的物质力量，也需要强大的精神力量。新时代新征程，我们要牢牢把握社会主义文化建设的正确方向，大力发展社会主义先进文化，切实抓好精神文明建设的各项任务，激发全民族文化创新创造活力，努力满足人民群众日益增长的精神文化需求，丰富人民精神世界、增强人民精神力量，不断夯实中国式现代化的文化根基。

文化自信自强为我们成功走出中国式现代化道路提供重要支撑。习近平总书记强调：“文化自信是更基础、更广泛、更深厚的自信，是更基本、更深沉、更持久的力量。”[①] 文化自信自强，事关国运兴衰、事关文化安全、事关民族精神独立性。一个国家、一个民族，只有充满文化自信，才能在通往未来的道路上行稳致远。没有高度的文化自信，没有文化的繁荣兴盛，就没有中华民族伟大复兴。近代以来，中华民族从磨难中奋起、从民族危亡走向民族复兴的历程，也正是中华文化焕发活力、走向复兴的历程。我们党是一个具有高度文化自觉的马克思主义政党，致力于把中国建设成为一个文化繁荣、文明兴盛的社会主义现代化国家。新中

---

①《习近平谈治国理政》第二卷，外文出版社 2017 年版，第 349 页。

国成立后特别是改革开放以来，我们党把文化建设置于现代化建设全局中进行谋划，结合时代变化和实践发展，不断推进文化创新创造。新时代十年，以习近平同志为核心的党中央高度重视文化建设，把文化建设提升到新的历史高度，推动我国文化建设在正本清源、守正创新中取得历史性成就、发生历史性变革。新时代十年的文化建设气象万千，全党全国各族人民的文化自信显著增强、日益坚定。党的十八大以来，我们党之所以能成功推进和拓展中国式现代化，离不开文化自信自强的重要支撑。新时代新征程，我们要坚定中国特色社会主义道路自信、理论自信、制度自信，说到底是要坚定文化自信。我们要深刻把握文化自信自强和中国式现代化的内在关系，不断铸就社会主义文化新辉煌。

物质文明和精神文明相协调是中国式现代化的中国特色之一。习近平总书记在党的二十大报告中指出："物质富足、精神富有是社会主义现代化的根本要求。物质贫困不是社会主义，精神贫乏也不是社会主义。"中国式现代化是人口规模巨大的现代化，是全体人民共同富裕的现代化，是物质文明和精神文明相协调的现代化，是人与自然和谐共生的现代化，是走和平发展道路的现代化。实现物质文明和精神文明相协调，是中国式现代化的重要特征，要求我们把物质文明建设和精神文明建设都搞好、国家物质力量和精神力量都增强，全国各族人民物质生活和精神生活都改善。新时代党和国家事业的发展充分表明，统筹推进"五位一体”总体布局、协调推进“四个全面”战略布局，文化是重要内容；推动高质量发展，文化是重要支点；满足人民日益增长的美好生活需要，文化是重要因素；战胜前进道路上各种风险挑战，文化是重要力量源泉。当前，人民对美好生活的向往更加强烈、需要日益广泛，对精神文化生活更加看重，文化需求高品质、个性化的特点更加明显。不断推进和拓展中国式现代化，更好推动人的全面发展、全体人民共同富裕取得更为明显的实质性进展，不仅需要夯实物质文明基础，还要大力加强精神文明建设。我们要牢牢把握中国式现代化是物质文明和精神文明相协调的现代化，把文化建设作为全面建成社会主义现代化强国的重要内容和重要支撑，更加自觉担负起新的文化使命，大力推进社会主义文化强国建设，让人民群众享有更加充实、更为丰富、更高质量的精神文化生活。

铸就社会主义文化新辉煌是推进中国式现代化的重要任务。习近平总书记强调："中国特色社会主义是全面发展、全面进步的伟大事业，没有社会主义文化繁荣发展，就没有社会主义现代化。"[①] 习近平总书记在党的二十大报告中对新时代新征程的文化建设作出了全面部署，明确提出“推进文化自信自强，铸就社会主义文化新辉煌”的重要要求，并就如何坚持中国特色社会主义文

①《习近平谈治国理政》第四卷，外文出版社 2022 年版，第 309 页。

化发展道路，发展面向现代化、面向世界、面向未来的，民族的科学的大众的社会主义文化作出一系列战略部署。习近平总书记的重要论述和党的二十大的战略部署，充分展现了我们党的高度文化自觉，指明了在推进中国式现代化的进程中发展中国特色社会主义文化、建设社会主义文化强国的正确方向、方针原则和发展路径。新时代新征程，我们要以高度的政治责任感和历史使命感，落实好党的二十大作出的战略部署，坚持中国特色社会主义文化发展道路，激发全民族文化创新创造活力，加快建设社会主义文化强国。要紧紧围绕铸就社会主义文化新辉煌这个重要目标，建设具有强大凝聚力和引领力的社会主义意识形态，广泛践行社会主义核心价值观，提高全社会文明程度，繁荣发展文化事业和文化产业，增强中华文明传播力影响力，不断满足人民群众多样化、多层次、多方面的精神文化需求，为全面推进中华民族伟大复兴提供更为主动、更为强大的精神力量。

中国式现代化的鲜明特征*

* 作者沈壮海，武汉大学党委副书记、马克思主义学院院长（兼）。

习近平总书记指出："中国特色社会主义是全面发展、全面进步的伟大事业，没有社会主义文化繁荣发展，就没有社会主义现代化。"[①] 习近平总书记的重要论述充分表明：中国式现代化，不仅要求物质生活水平提高、家家仓廪实衣食足，而且要求精神文化生活丰富、人人知礼节明荣辱，是物质文明和精神文明相协调的现代化。

中国式现代化体现在物质文明的发展进步上。物质文明和精神文明是人类认识世界、改造世界全部成果的总括和结晶。没有坚实、先进的物质文明，一个国家和民族就会缺乏昂首于世的物质基础。我们深刻汲取近代以来积贫积弱的历史教训、深刻总结社会主义建设正反两方面经验，认识到：落后就要挨打，贫穷不是社会主义。新中国成立后特别是改革开放以来，我们在一穷二白的基础上创造了经济快速发展奇迹和社会长期稳定奇迹，用几十年时间走完了发达国家几百年走过的工业化历程，跃升为世界第二大经济体，经济实力、科技实力、综合国力、国防实力、文化影响力、国际影响力等显著提升。这次抗击新冠肺炎疫情斗争伟大实践再次证明，新中国成立以来所积累的坚实国力，是从容应对惊涛骇浪的深厚底气。当今世界正经历百年未有之大变局，中华民族伟大复兴正处于关键时期，前进道路上遇到各种艰难险阻在

---

① 《习近平重要讲话单行本》（2020 年合订本），人民出版社 2021 年版，第 139 页。

所难免，夯实国家物质基础的任务更为艰巨；解决人民日益增长的美好生活需要和不平衡不充分的发展之间的矛盾，对物质文明建设提出了更高要求；到2035年基本实现社会主义现代化、到本世纪中叶把我国建成富强民主文明和谐美丽的社会主义现代化强国的战略安排，对物质文明建设提出了更高目标。同时应看到，我国仍处于并将长期处于社会主义初级阶段的基本国情没有变，我国是世界最大发展中国家的国际地位没有变。这就要求我们排除各种干扰、保持战略定力，筑牢国家富强、民族振兴、人民幸福的物质基础，厚植在危机中育先机、于变局中开新局的物力底气。

中国式现代化也体现在精神文明的发展进步上。习近平总书记指出："当高楼大厦在我国大地上遍地林立时，中华民族精神的大厦也应该巍然耸立。"[①]"一个没有精神力量的民族难以自立自强，一项没有文化支撑的事业难以持续长久。"[②]精神力量是一个国家和民族最为深沉厚重的力量。在人类文明历史长河中，中国人民创造了源远流长、博大精深的优秀传统文化，不仅为中华民族生生不息、发展壮大提供了强大精神支撑，而且深刻影响着当代中国发展进步，深刻影响着当代中国人的精神世界。党的十八大以来，以习近平同志为核心的党中央把精神

① 《在文艺工作座谈会上的讲话》，人民出版社2015年版，第6页。
② 《习近平谈治国理政》第一卷，外文出版社2018年版，第52页。

文明建设放在统筹推进“五位一体”总体布局、协调推进“四个全面”战略布局的重要位置，不断将精神文明建设推向更高水平。《中华人民共和国国民经济和社会发展第十四个五年规划和2035年远景目标纲要》提出：“加强社会主义精神文明建设，培育和践行社会主义核心价值观，推动形成适应新时代要求的思想观念、精神面貌、文明风尚、行为规范。”全面建设社会主义现代化国家，比以往任何时候都更加需要思想的引领、文化的滋养、精神的支撑。我们必须高举精神旗帜、传承精神基因、强化精神纽带，锲而不舍抓实精神文明建设，在全面建设社会主义现代化国家新征程上谱写精神文明建设新篇章。

中国式现代化更体现在物质文明与精神文明协调发展上。习近平总书记指出：“以辩证的、全面的、平衡的观点正确处理物质文明和精神文明的关系。”[①] 回望走过的路，正确处理两个文明之间的关系，始终坚持物质文明与精神文明协调发展，是中国式现代化呈现出的鲜明特征。改革开放之初，我们党创造性地提出建设社会主义精神文明的战略任务，确定了“两手抓、两手都要硬”的战略方针；党的十二届六中全会通过的《中共中央关于社会主义精神文明建设指导方针的决议》、党的十四届六中全会通过的《中共中央关于加强社会主义精神文明建设

① 《习近平谈治国理政》第二卷，外文出版社2017年版，第324页。

若干重要问题的决议》、党的十七届六中全会通过的《中共中央关于深化文化体制改革推动社会主义文化大发展大繁荣若干重大问题的决定》等，深刻阐明了物质文明与精神文明的内在关系，确立并重申了物质文明与精神文明协调发展的基本原则。党的十八大以来，以习近平同志为核心的党中央肩负实现中华民族伟大复兴中国梦的历史使命，把精神文明建设贯穿改革开放和现代化全过程、渗透社会生活各方面，全面展开精神文明建设各项工作，取得了巨大成就。实践已经证明并将继续证明，只有物质文明建设和精神文明建设都搞好，国家物质力量和精神力量都增强，全国各族人民物质生活和精神生活都改善，中国特色社会主义事业才能顺利向前推进。

面向未来，在全面建设社会主义现代化国家新征程中，我们必须坚定不移地推动物质文明与精神文明协调发展。要立足新发展阶段，贯彻新发展理念，构建新发展格局，推动高质量发展，为全面建设社会主义现代化国家开好局、起好步提供雄厚的物质支撑。与此同时，还要切实抓好精神文明建设各项任务，不断满足人民群众日益增长的精神文化需求，继续铸就中华文化新的辉煌。要进一步深化对推动“两个文明”协调发展极端重要性的认识，更加坚定、更加自觉地推动“两个文明”协调发展，不断增强新形势下“两手抓、两手都要硬”的思想自觉、政治自觉、行动自觉，满怀信心走在全面建设社会主义现代化国家新征程上，向着第二个百年奋斗目标进军。

伍

人与自然和谐共生的现代化

中国式现代化坚持走生产发展、生活富裕、生态良好的文明发展道路，是人与自然和谐共生的现代化，强调创造更多物质财富和精神财富以满足人民日益增长的美好生活需要，提供更多优质生态产品以满足人民日益增长的优美生态环境需要；强调保护环境就是保护生产力，改善环境就是发展生产力；把保护城市生态环境摆在更加突出位置，注重处理好生产生活和生态环境保护的关系。

建设人与自然和谐共生的现代化，必须把保护城市生态环境摆在更加突出的位置，科学合理规划城市的生产空间、生活空间、生态空间，处理好城市生产生活和生态环境保护的关系，既提高经济发展质量，又提高人民生活品质。

——习近平总书记2020年11月12日视察江苏南通五山地区时的讲话

推动经济社会发展全面绿色转型[*]

* 作者生态环境部党组理论学习中心组。

习近平总书记指出："我们要建设的现代化是人与自然和谐共生的现代化，既要创造更多物质财富和精神财富以满足人民日益增长的美好生活需要，也要提供更多优质生态产品以满足人民日益增长的优美生态环境需要。"[①] 这从理论和实践层面阐明了人与自然和谐共生的关系，进一步丰富和拓展了现代化的内涵与外延，为推动生态文明建设实现新进步，奋力推进人与自然和谐共生的现代化指明了方向、明确了路径。

坚持尊重自然、顺应自然、保护自然

中国式现代化注重同步推进物质文明建设和生态文明建设，走生产发展、生活富裕、生态良好的文明发展道路，彰显深厚的文化底蕴、坚实的理论基础、宏阔的国际视野。

继承和发扬中华优秀传统生态文化。习近平总书记指出："中华民族向来尊重自然、热爱自然，绵延5000多年的中华文明孕育着丰富的生态文化。"[②] 我国许多古代典籍都有关于人与自然关系的论述，强调把天地人统一起来，把自然生态同人类文明联系起来，按照自然规律活动，对自然资源取之有时、用之有度。这些理

① 习近平：《决胜全面建成小康社会　夺取新时代中国特色社会主义伟大胜利——在中国共产党第十九次全国代表大会上的讲话》，人民出版社2017年版，第50页。

②《习近平在全国生态环境保护大会上强调　坚决打好污染防治攻坚战　推动生态文明建设迈上新台阶》，《人民日报》2018年5月19日。

念对于建设生态文明、推进人与自然和谐共生的现代化具有重要启示和借鉴意义。党的十八大以来，以习近平同志为核心的党中央对中华优秀传统生态文化进行创造性转化、创新性发展，将生态文明建设作为关系中华民族永续发展的根本大计，强调生态兴则文明兴、生态衰则文明衰，深刻回答了为什么建设生态文明、建设什么样的生态文明、怎样建设生态文明等一系列重大理论和实践问题，推动人与自然和谐共生的现代化取得实质性进展。

践行和发展马克思主义关于人与自然关系的思想。马克思恩格斯认为，人靠自然界生活，人类在同自然的互动中生产、生活、发展，人类善待自然，自然也会馈赠人类。我们党继承和发展马克思主义关于人与自然关系的思想精华，强调人与自然是生命共同体，人类必须敬畏自然、尊重自然、顺应自然、保护自然，从保护自然中寻找发展机遇，促进经济发展与生态保护协调统一，建设人与自然和谐共生的现代化。这揭示了自然、社会和经济发展普遍规律，丰富和拓展了马克思主义自然观，是马克思主义自然观的时代发展和中国化。

反思和扬弃西方传统工业化道路。西方传统工业化在创造巨大物质财富的同时，也加速了对自然资源的攫取，打破了地球生态系统原有的循环和平衡。一些西方国家曾发生多起环境公害事件，损失巨大，震惊世界，引发人们对资本主义发展模式的深刻反思。中国式现代化坚决抛弃轻视自然、支配自然、破坏自然的现代化模式，绝不走西方现代化的老路，而是坚定不移走生态优先、绿色发展之路，建设人与自然和谐共生的现代化，为推进世界可持续发展提供了中国方案。

不断满足人民日益增长的优美生态环境需要

习近平总书记指出："生态环境是关系党的使命宗旨的重大政治问题，也是关系民生的重大社会问题。"[①] 推进社会主义现代化建设，必须积极回应人民群众所想、所盼、所急，努力提供更多优质生态产品，让优美生态环境成为人民幸福生活的增长点。中国特色社会主义进入新时代，我们党坚持生态惠民、生态利民、生态为民，以解决损害群众健康的突出环境问题为重点，坚决打赢打好污染防治攻坚战，生态环境明显改善，人民群众生态环境获得感、幸福感、安全感显著提升。

坚决打赢蓝天保卫战。到 2020 年底，全国实现超低排放的煤电机组累计约 9.5 亿千瓦，6.2 亿吨左右粗钢产能完成或正在实施超低排放改造。京津冀及周边地区、汾渭平原农村累计完成散煤治理 2500 万户左右。2020 年煤炭消费量占能源消费总量的 56.8%，比 2015 年下降 7.2 个百分点，单位国内生产总值二氧化碳

---

① 《习近平新时代中国特色社会主义思想学习纲要》，学习出版社、人民出版社 2019 年版，第 168 页。

排放较2005年降低约48.4%。2020年全国地级及以上城市空气质量优良天数比率为87%，比2015年上升5.8个百分点。

着力打好碧水保卫战。2020年，全国地表水优良水质断面比例提高到83.4%，比2015年提高17.4个百分点；劣V类水体比例由9.7%下降到0.6%，降低9.1个百分点。全国地级及以上城市集中式饮用水水源水质优良比例达到96.2%，地级及以上城市建成区黑臭水体消除比例达到98.2%。长江流域和渤海入海河流劣V类国控断面全部消劣，长江干流历史性实现全Ⅱ类及以上水体。“十三五”期间，累计完成15万个建制村环境整治，浙江“千村示范、万村整治”工程获得联合国地球卫士奖。

扎实推进净土保卫战。完成农用地土壤污染状况详查，开展重点行业企业用地土壤污染状况调查。受污染耕地安全利用率达到90%左右，污染地块安全利用率达到93%以上。组织开展危险废物专项排查整治行动，共排查4.7万家企业和200余个化工园区。实施长江经济带打击固体废物环境违法行为专项行动。开展“无废城市”建设试点，形成一批可复制可推广的示范模式。坚决禁止“洋垃圾”入境，基本实现固体废物零进口，“洋垃圾”被彻底挡在国门之外。

持续开展生态保护修复。初步划定的生态保护红线面积约占陆域国土面积的25%，各级各类自然保护地总数达到1.18万处。积极推进大规模国土绿化行动，2000年到2017年，全球新增绿化面积中约 1/4 来自中国，中国贡献比例居全球首位。持续开展“绿盾”自然保护地强化监督。扎实推动生物多样性保护重大工程，稳步推进 25 个山水林田湖草生态保护修复试点工程建设，先后组织命名四批共 262 个国家生态文明建设示范市县、87 个“绿水青山就是金山银山”实践创新基地。

同时也要看到，现阶段我国生态环境质量改善总体上还属于中低水平的提升，从量变到质变的拐点还没有到来，与人民群众对美好生活的新期待、与美丽中国建设目标仍有不小差距。必须坚持环境就是民生、青山就是美丽、蓝天也是幸福，努力实现生态保护、绿色发展、民生改善相统一。

推动形成人与自然和谐发展现代化建设新格局

“十四五”时期，我国进入新发展阶段，贯彻新发展理念、构建新发展格局、推动高质量发展、创造高品质生活，对加强生态文明建设、加快推动绿色低碳发展提出了新的更高要求。我国生态环境保护结构性、根源性、趋势性压力总体上尚未根本缓解，生产和生活体系向绿色低碳转型的压力都很大。建设人与自然和谐共生的现代化，必须以习近平生态文明思想为指引，完整、准确、全面贯彻新发展理念，以经济社会发展全面绿色转型为引领，以减污降碳为主抓手，加快形成节约资源和保护环境的产业结构、生产方式、生活方式、空间格局。

加快推动绿色低碳发展。推进重点行业绿色化改造，推动煤炭等化石能源清洁高效利用，加大货物运输结构调整力度，壮大节能环保等产业，建立健全绿色低碳循环发展经济体系，增强绿色低碳的新动能。制定实施2030年前碳排放达峰行动方案，稳步推行碳排放总量和强度双控制度，支持有条件的地方和重点行业、重点企业率先达峰，严控高耗能、高排放项目建设。

持续改善生态环境质量。坚持精准、科学、依法治污，深入打好污染防治攻坚战。以细颗粒物和臭氧协同控制为主线，进一步提升空气环境质量。统筹水环境治理、水生态保护、水资源利用，增强水生态系统服务功能。持续实施土壤污染防治行动，有效管控土壤污染环境风险。继续开展农村环境综合整治，建设美丽宜居乡村。

守住自然生态安全边界。坚持山水林田湖草系统治理，强化国土空间规划和用途管控，实施重要生态系统保护和修复重大工程，开展大规模国土绿化行动。实施生物多样性保护重大工程，构建以国家公园为主体的自然保护地体系，完善自然保护地、生态保护红线监管制度，开展生态系统保护成效监测评估。健全生态保护补偿机制，建立生态产品价值实现机制。

深化生态文明制度改革。推动完善生态文明领域统筹协调机制、中央生态环境保护督察制度，建立地上地下、陆海统筹的生态环境治理制度。全面提高资源利用效率，健全自然资源有偿使用制度。完善绿色低碳政策和市场体系，严格落实能源消费总量和强度双控制度，大力发展绿色金融，推进排污权、用能权、用水权市场化交易，加快推进全国碳排放权交易市场建设。

践行绿色低碳生活方式。加强宣传教育引导，提升全社会绿色低碳意识，倡导简约适度、绿色低碳的生活方式，反对奢侈浪费和不合理消费。开展创建节约型机关、绿色家庭、绿色学校、绿色社区和绿色出行等行动。完善绿色产品推广机制，扩大低碳绿色产品供给。倡导人人爱绿植绿护绿的文明风尚，促进全社会形成自觉行动，共同建设人与自然和谐共生的现代化。

站在人与自然和谐共生的高度谋划发展*

* 作者王金南，生态环境部环境规划院院长；严刚，生态环境部环境规划院副院长、研究员；雷宇，生态环境部环境规划院大气环境规划研究所所长。

习近平总书记在党的二十大报告中强调，积极稳妥推进碳达峰碳中和。力争2030年前实现碳达峰、2060年前实现碳中和，是以习近平同志为核心的党中央经过深思熟虑作出的重大战略决策，是我们对国际社会的庄严承诺，也是推动高质量发展的内在要求。新时代，我们党站在人与自然和谐共生的高度谋划发展，准确把握“双碳”工作面临的形势和任务，深入贯彻新发展理念，把“双碳”工作纳入生态文明建设整体布局和经济社会发展全局，协同推进降碳、减污、扩绿、增长，推进生态优先、节约集约、绿色低碳发展，推动经济社会发展全面绿色转型取得显著成效。

持之以恒推进气候治理

2022年4月，4月，习近平主席就气候变化问题复信英国弗朗西斯·霍兰德学校小学生时指出，地球是个大家庭，人类是个共同体，气候变化是全人类面临的共同挑战，人类要合作应对。长期以来，我国积极参与应对气候变化全球治理，实施一系列应对气候变化的战略、措施和行动，为全球生态治理作出重要贡献。

为减缓全球碳排放增长作出积极贡献。自“十二五”时期开始，我国将单位国内生产总值二氧化碳排放（碳排放强度）下降幅度作为约束性指标纳入国民经济和社会发展规划纲要，明确应对气候变化的重点任务、重要领域和重大工程，推动碳排放强度持续下降，推动二氧化碳排放增速大幅降低。2020 年，我国碳排放强度比 2005 年下降 48.4%，超额完成向国际社会承诺的目标，累计少排放二氧化碳约 58 亿吨。

协同推进生态系统碳汇能力提升和生物多样性保护。我国坚持山水林田湖草沙一体化保护和系统治理，持续巩固提升生态系统碳汇能力，推动生物多样性保护。"十三五"期间，全国累计完成造林 5.45 亿亩、森林抚育 6.37 亿亩，是全球森林资源增长最多的国家。从 2000 年到 2017 年，我国为全球贡献了约 1/4 的新增绿化面积。在不断提升生态系统碳汇能力过程中，物种生境得到了优化，各类生态系统功能得到恢复，为全球协同推进应对气候变化和生物多样性治理提供了有益借鉴。

在协同推进减污降碳中显著改善生态环境。党的十八大以来，我国不断推进减污降碳技术推广，着力发展绿色低碳产业，持续提升低碳清洁能源比重，显著降低主要污染物排放量，带动环境质量明显改善。2021 年，全国地级及以上城市空气质量优良天数比率达到 87.5%，较 2015 年提高 6.3 个百分点；细颗粒物（PM2.5）年均浓度降至 30 微克 / 立方米，较 2015 年下降 34.8%。2021 年，全国地表水Ⅰ—Ⅲ类断面比例上升至 84.9%，比 2015 年上升 18.9 个百分点；劣Ⅴ类水体比例下降至 1.2%。

努力探索碳达峰碳中和路径

习近平总书记在党的二十大报告中强调，立足我国能源资源禀赋，坚持先立后破，有计划分步骤实施碳达峰行动。在习近平生态文明思想指引下，我国努力探索碳达峰碳中和路径，用实际行动彰显负责任大国担当。

用全球历史上最短时间实现从碳达峰到碳中和。实现碳达峰碳中和是一场广泛而深刻的经济社会系统性变革，绝不是轻轻松松就能实现的。从碳达峰目标看，当前，我国正面临推进“双碳”工作与推动经济高质量发展的双重任务，工业化和城镇化正处于快速发展中，能源消费仍将保持刚性增长。与发达国家进入后工业化时期后自然达峰的路径不同，我国必须探索在工业化和城镇化进程中以更大减排力度抵消增量需求、进而实现碳达峰目标的全新路径。从碳中和目标看，我国承诺实现从碳达峰到碳中和的时间，远远短于发达国家所用时间。我国作为世界上最大的发展中国家，将完成全球最高碳排放强度降幅，用全球历史上最短的时间实现从碳达峰到碳中和，为全球气候治理作出重大贡献。

利用技术和政策措施主动加速碳达峰进程。现实国情决定了我国不能照搬发达国家自然达峰后逐渐实现碳中和的减排模式，而要在经济社会高质量发展过程中主动加速碳达峰进程，进而实现碳达峰碳中和，这是涉及价值观念、产业结构、能源体系、消费模式等诸多层面的系统性变革。我国是全世界唯一拥有联合国产业分类目录中所有工业门类的国家，拥有安全稳定的政治社会环境、健全完整的政策落实机制，完全有条件有能力充分发挥自身优势，运用多种政策措施，为实现碳达峰碳中和提供有力保障。2021 年 9 月，党中央、国务院印发《关于完整准确全面贯彻新发展理念做好碳达峰碳中和工作的意见》。同年 10 月，国务院印发《2030 年前碳达峰行动方案》。在此基础上，我国制定出台涉及能源、工业、建筑、交通等重点领域，电力、钢铁、水泥等重点行业的一系列实施方案，综合运用科技、财税、金融等多种保障措施，着力建立健全碳达峰碳中和“1+N”政策体系。目前，我国已建成全球规模最大的碳市场和清洁发电体系，水电、风电、太阳能发电、生物质发电装机容量均居世界第一。

引领全球绿色发展

习近平总书记指出：“共同构建绿色低碳的全球能源治理格局，推动全球绿色发展合作。”[①] 为推进碳达峰碳中和，我国在经济发展中促进绿色转型、在绿色转型中实现更大发展，为推动全球绿色发展贡献中国智慧和中国方案。

---

① 习近平：《论坚持推动构建人类命运共同体》，中央文献出版社 2018 年版，第 372 页。

引领低碳领域技术革命与产业发展。新能源技术革命和产业发展是促进经济社会全面绿色低碳转型的重要基础。我国实现碳达峰碳中和目标，需要通过能源生产、原料供给、工艺过程等方面的技术升级和突破，建立依托可再生能源、实现经济和产业循环发展的绿色低碳发展方式。当前，我国风电、光伏发电设备制造技术水平和制造规模居世界前列，新型储能产业链日趋完善，技术路线多元化发展，为能源清洁低碳转型提供了重要保障。我国光伏产品出口到 200 多个国家和地区，有效降低了全球清洁能源使用成本。依托技术优势、市场优势及全产业链优势，我国正引领全球低碳领域技术革命与产业发展，源源不断为全球绿色低碳转型注入强劲动力。

大力推动生态环境治理模式改革。发展中国家大多同时面临经济社会发展、环境质量改善、温室气体减排多重压力。统筹协调好三者之间的关系，探索有效的生态环境治理模式，是事关全球可持续发展的重大课题。我国锚定美丽中国建设和实现“双碳”目标，统筹固体废物、温室气体等多领域减排要求，优化治理目标、治理工艺和技术路线，协同推进减污降碳。在科学把握污染防治和气候治理整体性的基础上，坚持统筹融合，突出源头治理、系统治理、综合治理，强化减污降碳的目标协同、区域协同、领域协同、措施协同、政策协同、监管协同，以碳达峰行动进一步深化环境治理，以环境治理助推高质量碳达峰。通过减污降碳一体谋划、一体部署、一体推进、一体考核，提升减污降碳综合效能，实现环境效益、气候效益、经济效益多赢。

坚持共建公平合理、合作共赢的全球气候治理体系。气候变化是全人类面临的共同挑战，需要全球广泛参与、共同行动。我国一贯高度重视全球气候治理及国际合作，积极参与气候变化谈判，推动达成和加快落实《巴黎协定》。在“一带一路”建设中，我国坚持把绿色作为底色，将生态文明领域合作作为重点。截至 2021 年底，已与 28 个国家共同发起“一带一路”绿色发展伙伴关系倡议，促进共建“一带一路”国家开展生态环境保护和应对气候变化。在南南合作中，自 2011 年以来，累计安排约 12 亿元用于开展应对气候变化南南合作，与 30 多个发展中国家签署 40 多份合作文件。这一系列务实合作，创新了全球气候治理国际合作模式，提高了有关国家应对气候变化的能力，为全球生态文明建设贡献了中国力量。

处理好生产生活和生态环境保护的关系，把保护城市生态环境摆在更加突出位置*

* 作者欧阳志云，中国科学院生态环境研究中心主任。

城市是人类活动的重要区域。习近平总书记2020年11月在江苏考察时指出："建设人与自然和谐共生的现代化，必须把保护城市生态环境摆在更加突出的位置，科学合理规划城市的生产空间、生活空间、生态空间，处理好城市生产生活和生态环境保护的关系，既提高经济发展质量，又提高人民生活品质。"良好的城市生态环境，是建设人与自然和谐共生现代化的重要内容和基础。

城市化是人类文明的产物，是现代化的显著特征之一。1900年，全球只有10%的人口生活在城市。现在，全球超过56%的人口生活在城市，人类进入城市化时代。新中国成立后特别是改革开放以来，我国城镇化进程不断加快，1978—2019年，我国城镇常住人口从1.7亿人增加到8.48亿人，城镇化率从17.9%提升到60.6%。快速、大规模的城镇化进程，大大促进了经济社会发展和人民生活水平提高。

城市生态环境为经济社会发展提供了水资源、污染净化、气候调节等重要支撑。城市植物具有较强的空气臭氧吸收能力和空气颗粒物滞留能力，城市绿地对于缓解城市热岛效应具有重要作用。绿地还是城市居民休闲游憩的重要场所，对保障居民身心健康具有重要价值。推进人与自然和谐共生的现代化，必须以满足人民日益增长的优美生态环境需要为目的，以城市发展面临的生态环境问题为突破口，把保护城市生态环境摆在更加突出的位置，在城市生产空间、生活空间、生态空间规划上下足“绣花”功夫，努力处理好城市生产生活和生态环境保护的关系。

作为人类活动最集中的区域，城市运行需要消耗大量自然资源，向自然环境排放大量废弃物，对生态环境影响巨大。据统计，占全球土地面积不到3%的城市，消耗了全球60%的水资源和76%的木材，排放了全球78%的碳。绝大多数生态环境问题，如环境污染、全球气候变化、生物多样性丧失等都与城市相关。

党的十八大以来，以习近平同志为核心的党中央把生态文明建设作为关系中华民族永续发展的根本大计，摆在治国理政的重要位置，谋划开展一系列具有根本性、长远性、开创性的工作，作出一系列事关全局的重大战略部署，把生态文明理念和原则全面融入城镇化全过程，强调走集约、智能、绿色、低碳的新型城镇化道路。城市绿地面积从2006年的132.12万公顷增长至2019年的319.19万公顷，建成区绿化覆盖率从35.1%提高到41.3%，人均公园绿地面积达14.4平方米。绿地建设提高了城市调节气候、净化环境、减轻内涝、维持生物多样性等生态功能以及休闲娱乐的文化功能，对改善城市人居环境、提升城市品质发挥了重要作用。以深圳市为例，通过构建生态控制线，将近50%的市域面积纳入生态控制保护范围，城市生产空间与生活空间发展从增量扩张向存量优化转变，建成绿道2400余公里、公园1206个，累计恢复红树林湿地面积超过135公顷。不断优化的生态空间，不仅为城市居民提供绿色福利，而且为2000余种植物、近380种鸟类以及每年超过10万只候鸟提供了栖息地。

“十四五”时期是我国全面建成小康社会、实现第一个百年奋斗目标之后，乘势而上开启全面建设社会主义现代化国家新征程、向第二个百年奋斗目标进军的第一个五年。为全面建设社会主义现代化国家开好局、起好步，必须持续将生态文明建设作为事关人民群众切身利益的大事来谋划和推进，大力实施城市生态修复和功能完善工程，坚持以资源环境承载能力为刚性约束条件，以建设美好人居环境为目标，合理确定城市规模、人口密度，优化城市布局，建立连续完整的生态基础设施标准和政策体系，完善城市生态系统，加强绿色生态网络建设，把构建优美城市生态空间、提升城市生态功能、改善人居环境作为生态文明建设的重要内容。一方面，优化城市内部格局、扩大城市发展容量，统筹城市生产空间、生活空间、生态空间，协调与城市周边区域的发展和生态环境一体化管控，实施老城区生态改造，构建渗透全城、空间均衡的生态空间。另一方面，进一步加强绿色基础设施建设，科学实施城市生态修复，推动生态修复自然化、绿化植物本土化，构建以提高生物多样性和生态服务功能为目标导向的生态修复体系，提升城市气候调节、水文调节、环境净化、生物多样性保护、休闲游憩等生态功能，提高城市韧性与生态安全保障能力，为建设人与自然和谐共生的现代化提供有力支撑。

不断提升生态总价值 *

* 作者李宏伟，中共中央党校（国家行政学院）生态文明建设教研室主任。

习近平总书记在参加十三届全国人大四次会议内蒙古代表团审议时，肯定大兴安岭林场周义哲代表的发言："你提到的这个生态总价值，就是绿色 GDP 的概念，说明生态本身就是价值。这里面不仅有林木本身的价值，还有绿肺效应，更能带来旅游、林下经济等。'绿水青山就是金山银山'，这实际上是增值的。"这进一步阐明了经济发展和生态环境保护的关系，为不断提升生态总价值，建设人与自然和谐共生的现代化指明了方向、提供了遵循。

绿水青山既是自然财富、生态财富，又是社会财富、经济财富，会随着经济社会发展凸显价值、不断增值。事实上，生态价值和经济价值是辩证统一的，保护生态环境就是保护生产力，改善生态环境就是发展生产力。现代经济社会发展对生态环境的依赖程度越来越高，生态环境越来越成为生产力的重要组成部分。保护和改善生态环境，可以实现生态价值和经济价值内在统一，对于协调经济发展和生态环境保护的关系、推动经济社会高质量发展具有不可替代的作用。

党的十八大以来，在绿水青山就是金山银山重要理念引领下，我国协同推动经济高质量发展和生态环境高水平保护，国土空间开发保护格局更加优化，资源能源利用效率持续提升，绿色发展方式和生活方式进一步普及，区域绿色发展格局加速形成。截至 2019 年底，单位国内生产总值二氧化碳排放较 2005 年降低 48.1%，提前完成到 2020 年下降 40%—45% 的目标。污染防治力度加大，生态环境保护稳步推进，生态环境明显改善。

中国特色社会主义进入新时代，我国社会主要矛盾发生转化，人民群众对优美生态环境的需要日益增长，对清新的空气、干净的水、安全的食品、优美的环境等优质生态产品的需求越来越强烈，这为不断提升生态总价值，充分发挥“绿水青山”的经济社会效益提供了强劲动力和广阔空间。更好满足人民日益增长的优美生态环境需要，在创造更多物质财富和精神财富的同时提供更多优质生态产品，亟须建立健全生态产品价值实现机制，将良好生态环境资源优势转化为生态总价值增值优势，引领和推动绿色产业高质量发展，推动生态、文化、康养、旅游深度融合发展，将生态资源优势转化为经济社会发展优势。

经过长期实践探索，我国在建立和完善生态产品价值实现机制、提升生态总价值方面，取得了丰硕成果和宝贵经验。例如，生态保护补偿、绿色金融扶持、生态扶贫等都取得了长足进展。《人类减贫的中国实践》白皮书显示，2013 年以来，贫困地区实施退耕还林还草 7450 万亩，选聘 110 多万贫困群众担任生态护林员，建立 2.3 万个扶贫造林（种草）专业合作社（队）。群众积极参与国土绿化、退耕还林还草等生态工程建设和森林、草原、湿地等生态系统保护修复工作，实现了经济收入和生态环境保护双赢。

从“十四五”生态文明建设实现新进步的目标，到 2035 年生态环境根本好转、美丽中国建设目标基本实现的远景目标，再到力争2030年前实现碳达峰、2060年前实现碳中和的承诺，新时代生态文明建设的时间表、路线图已经明确。在全面建设社会主义现代化国家新征程上，建设美丽中国，必须保护好生态环境，让绿水青山的“颜值”和“价值”持续增加，建设青山常在、绿水长流、空气常新的美丽中国，持续推进人与自然和谐共生的现代化。

建设人与自然和谐共生的现代化*

* 作者孙金龙，生态环境部党组书记；黄润秋，生态环境部部长。

党的十九届五中全会擘画了我国未来发展的宏伟蓝图，作出了应对变局、开辟新局的顶层设计，在党和国家发展进程中具有全局性、历史性意义。坚持以习近平生态文明思想为指导，做好生态环境保护工作，必须深入学习贯彻全会精神，准确把握进入新发展阶段、贯彻新发展理念、构建新发展格局对生态环境保护提出的新任务新要求，为全面建设社会主义现代化国家开好局、起好步提供支撑保障。

准确把握新发展阶段，科学定位和谋划“十四五”时期生态环境保护

党的十九届五中全会审议通过的《中共中央关于制定国民经济和社会发展第十四个五年规划和二〇三五年远景目标的建议》，把“生态文明建设实现新进步”作为“十四五”时期经济社会发展主要目标之一，将“广泛形成绿色生产生活方式，碳排放达峰后稳中有降，生态环境根本好转，美丽中国建设目标基本实现”作为到2035年基本实现社会主义现代化远景目标之一，这为新发展阶段进一步做好生态环境保护工作提供了目标指引。

不断巩固“十三五”时期生态环境保护取得的历史性成就。在以习近平同志为核心的党中央坚强领导下，在习近平生态文明思想的科学指引下，经过全社会共同努力，“十三五”规划纲要确定的生态环境9项约束性指标和污染防治攻坚战阶段性目标任

务圆满完成，重污染天数明显减少，饮用水安全得到保障，城市黑臭水体基本消除，农用地和城市建设用地土壤环境风险管控有效，生态系统质量和稳定性提升，核与辐射安全得到有效保障，为实现“十四五”时期经济社会发展主要目标和2035年远景目标奠定了坚实基础。

切实增强“十四五”时期加强生态环境保护的战略定力。当前，我国生态环境保护结构性、根源性、趋势性压力总体上尚未根本缓解，最突出的是“三个没有根本改变”，即以重化工为主的产业结构、以煤为主的能源结构和以公路货运为主的运输结构没有根本改变，生态环境事件多发频发的高风险态势没有根本改变，污染排放和生态破坏的严峻形势没有根本改变，生态环保任重道远。要立足新发展阶段，找准生态环境保护工作的定位，坚持方向不变、力度不减，科学谋划和完成“十四五”时期生态环境保护目标任务。

深入贯彻新发展理念，
继续打好污染防治攻坚战

2021年1月11日，习近平总书记在省部级主要领导干部学习贯彻党的十九届五中全会精神专题研讨班开班式的重要讲话中强调：“新发展理念是一个系统的理论体系，回答了关于发展的目的、动力、方式、路径等一系列理论和实践问题，阐明了我们党

关于发展的政治立场、价值导向、发展模式、发展道路等重大政治问题。”深入打好污染防治攻坚战，是贯彻新发展理念的重大举措。当前，污染防治工作中还存在“五个不够”的问题：思想认识不够深，部分地区上马高耗能、高排放项目冲动强烈；改善水平不够高，生态环境质量改善总体上还处于中低水平上的提升；工作成效不够稳，城市空气质量总体仍未摆脱“气象影响型”等；涉及领域不够宽，需要将治理重点逐步拓展到应对气候变化等更广泛的领域；治理范围不够广，环境治理向县级市、乡镇、农村地区扩展延伸势在必行。深入贯彻新发展理念，要加大力度、延伸深度、拓宽广度，继续打好污染防治攻坚战，持续改善生态环境质量。

把“实现减污降碳协同效应”作为总要求。二氧化碳等温室气体与常规污染物排放具有同根、同源、同过程的特点。我国高碳的能源结构、高耗能的产业结构，决定了降碳与减污之间可以产生很强的协同效应。减少二氧化碳排放，有利于推动经济结构绿色转型、推动污染源头治理、促进生物多样性保护、减缓气候变化带来的不利影响。要把降碳摆在更加突出、优先的位置，对减污降碳协同增效一体谋划、一体部署、一体推进、一体考核，制定实施 2030 年前碳排放达峰行动方案，从严从紧从实控制“两高”项目上马。

牢牢把握“精准、科学、依法治污”的工作方针。以改善生态环境质量为核心，锚定精准治污的要害、夯实科学治污的基础、增强依法治污的保障。在精准治污方面，做到问题、时间、区域、对象、措施“五个精准”；在科学治污方面，遵循客观规律，强化对环境问题成因机理及时空和内在演变规律研究，科学安排任务量和时序进度；在依法治污方面，坚持依法行政、依法推进、依法保护，以法律武器治理环境污染，用法治力量保护生态环境。

始终坚持系统观念。围绕持续改善生态环境质量目标，加强前瞻性思考、全局性谋划、战略性布局、整体性推进，突出标本兼治。从生态系统整体性和流域系统性出发，追根溯源、系统施策、靶向治疗，更加注重综合治理、系统治理、源头治理，强化山水林田湖草等各种生态要素协同治理。统筹发展与安全，强化核与辐射安全监管，有效防范化解生态环境领域安全风险，守住自然生态安全边界。

加快构建新发展格局，
充分发挥生态环境保护的支撑保障作用

习近平总书记指出：“加快构建以国内大循环为主体、国内国际双循环相互促进的新发展格局，是《中共中央关于制定国民经济和社会发展第十四个五年规划和二○三五年远景目标的建议》提出的一项关系我国发展全局的重大战略任务，需要从全局高度

准确把握和积极推进。”[1]生态环境保护对加快构建新发展格局具有重要支撑保障作用。近年来，我国生态环境保护力度不断加大，带动环保领域投资大幅增加，环保产业迅猛发展，日益成为新的重要绿色经济增长点。进一步加强生态环境保护，既能提供更多优质生态产品，不断满足人民群众日益增长的优美生态环境需要，又能助力增添绿色发展动能、扩大国内需求、促进生态经济良性循环，推动形成需求牵引供给、供给创造需求的更高水平动态平衡。

着力构建生态环境保护支撑保障体系。努力拓宽生态环境保护领域和区域范围，推动污水、垃圾处理处置设施等生态环境治理设施有序有效向县城、乡镇、农村地区延伸，着手考虑开展新污染物监测评估与治理，催生新业态新技术新装备。充分发挥生态环境保护的引导、优化和促进作用，做好对相关规划、项目的支持服务，支撑保障国家重大战略实施。坚持优化服务与严格监管并重，聚焦企业关切，积极服务“六稳”“六保”工作，促进经济社会发展全面绿色转型。

推动形成“大环保格局”。建立生态产品价值实现机制，推进排污权、碳排放权等市场化交易，建立健全稳定的财政资金投

---

① 习近平:《把握新发展阶段，贯彻新发展理念，构建新发展格局》，《求是》2021年第9期。

入机制和“谁污染、谁付费”的市场化投入机制。构建党委领导、政府主导、企业主体、社会组织和公众共同参与的现代环境治理体系，加快形成导向清晰、决策科学、执行有力、激励有效、多元参与、良性互动的“大环保”格局，实现从“要我环保”到“我要环保”的根本转变。

建设人与自然和谐共生的现代化，必须立足“两个大局”，心怀“国之大者”，不断提高政治判断力、政治领悟力、政治执行力，不断提高把握新发展阶段、贯彻新发展理念、构建新发展格局的政治能力、战略眼光、专业水平，完善生态文明领域统筹协调机制、中央生态环境保护督察制度，加强党对生态文明建设的领导，坚决扛起生态文明建设政治责任。

陆

走和平发展道路的现代化

中华民族是爱好和平的民族，中国人民是爱好和平的人民。中国共产党带领人民不懈探索，走出了一条中国式现代化道路。在这个过程中，中国没有走一些西方国家的老路，而是坚持走和平发展道路，始终做世界和平的建设者、全球发展的贡献者、国际秩序的维护者。在全面建设社会主义现代化国家新征程上，我们坚定不移走和平发展道路，为世界和平与发展注入新的动力。

中国走和平发展道路，不是权宜之计，更不是外交辞令，而是从历史、现实、未来的客观判断中得出的结论，是思想自信和实践自觉的有机统一。和平发展道路对中国有利、对世界有利，我们想不出有任何理由不坚持这条被实践证明是走得通的道路。

——习近平主席2014年3月在德国科尔伯基金会的演讲

中国式现代化是走和平发展道路的现代化*

* 作者习近平外交思想研究中心，由吴晓丹执笔。

党的二十大擘画了全面建成社会主义现代化强国、以中国式现代化全面推进中华民族伟大复兴的宏伟蓝图。习近平总书记在新进中央委员会的委员、候补委员和省部级主要领导干部学习贯彻习近平新时代中国特色社会主义思想和党的二十大精神研讨班开班式上强调："实践证明，中国式现代化走得通、行得稳，是强国建设、民族复兴的唯一正确道路。"① 中国式现代化，是中国共产党领导的社会主义现代化，既有各国现代化的共同特征，更有基于自己国情的中国特色。我国不走一些国家通过战争、殖民、掠夺等方式实现现代化的老路，始终坚持在和平发展道路上推进现代化，取得了举世瞩目的发展成就。我们坚定站在历史正确的一边、站在人类文明进步的一边，高举和平、发展、合作、共赢旗帜，在坚定维护世界和平与发展中谋求自身发展，又以自身发展更好维护世界和平与发展。

走和平发展道路是中国式现代化的鲜明特征和必然选择

走和平发展道路，是中国式现代化的中国特色之一。中国对现代化道路的探索，始终伴随着对坚持走和平发展道路的理论和实践创新。走和平发展道路，既是中国式现代化顺利推进的重要

①《习近平在学习贯彻党的二十大精神研讨班开班式上发表重要讲话强调 正确理解和大力推进中国式现代化》，《人民日报》2023 年 2 月 8 日。

前提条件，也是其有效保障和有力支持；既反映出中国共产党对有利国际环境的主动战略塑造，更赋予中国式现代化宏阔世界眼光和强大道义力量。

新中国成立后，我们党大力倡导和平共处五项原则，这是新中国对外政策的重要基石。党的十一届三中全会后，我们党提出和平与发展是当今时代的主题，把争取一个较长时期的国际和平环境和良好的周边环境作为外交工作的目标和任务，为改革开放和社会主义现代化建设顺利开展奠定重要基础。进入 21 世纪，我们党明确提出走和平发展道路，在 2005 年发布《中国的和平发展道路》白皮书、在 2011 年发布《中国的和平发展》白皮书，将坚持和平发展道路写入党章。党的十八大以来，习近平总书记强调："中国坚持走和平发展道路""无论发展到什么程度，中国永远不称霸、永远不搞扩张"[①]。2018 年中国将坚持和平发展道路写入宪法，体现了致力于走和平发展道路的坚定决心。新时代，中国和平发展道路越走越宽广，中国式现代化道路也越走越宽广。

走和平发展道路，是由中国共产党性质宗旨和我国社会主义制度性质所决定的。中国共产党是马克思主义政党，执政领导的中国是社会主义国家。马克思主义政党肩负崇高使命，追求远大

---

① 习近平：《论坚持推动构建人类命运共同体》，中央文献出版社 2018 年版，第 295、492 页。

理想，具有世界情怀。中国共产党既为中国人民谋幸福、为中华民族谋复兴，也为人类谋进步、为世界谋大同，始终把为人类作出新的更大贡献作为自己的使命。社会主义制度是先进社会制度，主张和平是中国特色社会主义的本质属性。社会主义中国对内追求公平正义、共同富裕、社会和谐，对外主持公道、捍卫公理、伸张正义。坚持走和平发展道路，是中国式现代化的必然选择。

中国的和平发展道路开辟人类走向现代化的全新道路，开辟人类追求文明进步的全新道路。一些国家在现代化过程中对外侵略、殖民、掠夺，给广大发展中国家人民带来深重苦难，至今仍有个别国家推行霸权主义、强权政治。中国式现代化不靠对外军事扩张和殖民掠夺，而是与世界合作共赢、共建共享，坚持走和平发展道路，打破了对外扩张掠夺的现代化老路，顺应人类发展进步的时代潮流，为人类对现代化道路的探索作出重要贡献，意义十分深远。

新时代走和平发展道路具有丰富内涵

中国特色社会主义进入新时代，习近平总书记围绕新时代为什么必须坚持走和平发展道路、如何继续走好和平发展道路等一系列重大理论和实践问题作出重要论述。这些重要论述具有十分丰富的内涵，深化了我们党对走和平发展道路的规律性认识，指引我们在百年未有之大变局中把和平发展道路持续走通、走顺、走好。

坚持走和平发展道路，要坚持以相互尊重、合作共赢为基础。习近平总书记指出："坚持以相互尊重、合作共赢为基础走和平发展道路。"[①] 这为我们走好和平发展道路明确了方向和路径，进一步丰富了走和平发展道路的战略内涵。和平需要相互尊重，发展需要合作共赢。和平发展道路能不能走得通，很大程度上要看我们能不能把世界的机遇转变为中国的机遇，把中国的机遇转变为世界的机遇，在中国与世界各国良性互动、互利共赢中开拓前进。要在宏阔时空中把握好民族复兴和人类进步的重大命题，在世界大局和时代潮流中把握中国前进方向、促进各国发展。

坚持走和平发展道路，是根据时代潮流和我国根本利益作出的战略抉择。随着中国发展壮大，国际社会对我国战略走向的关注不断增多，并将伴随中华民族伟大复兴的整个过程。习近平总书记统筹国内国际两个大局，贯通历史、现实和未来，阐明中国走和平发展道路的必然性。习近平总书记指出："走和平发展道路，是中国对国际社会关注中国发展走向的回应，更是中国人民对实现自身发展目标的自信和自觉。这种自信和自觉，来源于中华文明

---

① 习近平：《论坚持推动构建人类命运共同体》，中央文献出版社 2018 年版，第 538 页。

的深厚渊源，来源于对实现中国发展目标条件的认知，来源于对世界发展大势的把握。”[①] 中国走和平发展道路，是思想自信和实践自觉的有机统一，是我们党根据时代发展潮流和我国根本利益作出的战略抉择。这深化了我们对为什么走和平发展道路的认识，有力引导国际社会进一步正确认识和对待中国的发展。

坚持走和平发展道路，要推动各国共同走和平发展道路。习近平总书记指出："中国走和平发展道路，其他国家也都要走和平发展道路，只有各国都走和平发展道路，各国才能共同发展，国与国才能和平相处。”[②] 和平发展是国际社会大家的事，是各国共同的责任。只有各国共谋和平、共护和平，才能共享和平。把中国的和平发展同世界的和平发展紧密相连，是对走和平发展道路理论内涵的重要发展，既为我国和平发展争取更多外部理解和支持，又凝聚国际社会致力于和平发展的共识和力量，为我国走和平发展道路开辟更加广阔的空间。

坚持走和平发展道路，必须坚守维护国家核心利益的底线。习近平总书记强调："任何外国不要指望我们会拿自己的核心利益做交易，不要指望我们会吞下损害我国主权、安全、发展利益的

---

① 习近平：《论坚持推动构建人类命运共同体》，中央文献出版社 2018 年版，第 89 页。

② 习近平：《论坚持推动构建人类命运共同体》，中央文献出版社 2018 年版，第 3 页。

苦果。”[①] 走和平发展道路，与世界合作共赢，是以决不放弃正当权益，决不牺牲国家核心利益为底线的。维护中国国家利益与促进世界和平发展是辩证统一的。中国主权、安全、发展利益和民族尊严绝不允许任何势力侵犯，同时任何力量也不能动摇我们坚持和平发展的信念。

走和平发展道路的现代化为人类文明进步作出巨大贡献

中国式现代化造福中国、利好世界，不仅使中国在短短几十年时间内成为“世界现代化的增长极”，也创造人类文明新形态，为人类和平与发展的崇高事业作出巨大贡献。中国的发展是世界和平力量的增长，是全球发展新机遇的增长。中国共产党团结带领中国人民在和平发展道路上推进中国式现代化，推动历史车轮向着光明前途前进。

为维护世界和平展现中国担当。新中国成立 70 多年来，中国没有主动挑起过任何一场战争和冲突，没有侵占过别国一寸土地。中国积极参与国际军控、裁军和防扩散进程，反对军备竞赛，维护全球战略平衡与稳定，是派遣维和人员最多的安理会常任理事国和联合国第二大维和摊款国。中国恪守客观公正，坚持对话协

① 习近平：《论坚持推动构建人类命运共同体》，中央文献出版社 2018 年版，第 3 页。

商方式，积极参与解决朝鲜半岛、伊朗核、阿富汗等热点问题。坚持真正的多边主义，在全球安全治理中发挥建设性作用，凝聚共识、加强团结、汇聚合力，合作抗击新冠疫情，共同应对地区争端和恐怖主义、气候变化、网络安全、生物安全等全球性问题。中国始终不渝奉行独立自主的和平外交政策，坚持在和平共处五项原则基础上同各国发展友好合作关系，维护国际关系基本准则，维护国际公平正义，坚定做世界和平的维护者。

为促进共同发展作出中国贡献。中国经济连续多年保持稳定增长，近10年对世界经济增长的平均贡献率超过30%。中国倡导创立亚洲基础设施投资银行和金砖国家开发银行，开创发展中国家组建多边金融机构的先河。作为全球减贫与发展事业的倡导者、推动者和践行者，中国积极支持和帮助广大发展中国家特别是最不发达国家消除贫困。中国构建并不断扩大面向全球的高标准自由贸易区网络，已成为140多个国家和地区的主要贸易伙伴，推动《区域全面经济伙伴关系协定》生效实施，举办国际进口博览会，同世界各国分享发展机遇。中国提出共建“一带一路”倡议，携手各方打造当今世界范围最广、规模最大的国际合作平台。中国将坚定奉行互利共赢的开放战略，推动建设开放型世界经济，与各国共同培育全球发展新动能，让发展成果更好惠及各国人民。

为人类文明进步提供中国方案。面对“世界向何处去、人类怎么办”的时代之问，习近平总书记提出构建人类命运共同体重大理念，引领时代潮流和人类前进方向。凝聚不同国家、不同文明的价值共识，提出坚守和弘扬和平、发展、公平、正义、民主、自由的全人类共同价值，为加强国际社会团结提供了共同价值纽带。面对全球和平赤字、发展赤字、安全赤字、治理赤字加重的挑战，提出全球发展倡议和全球安全倡议，为推动全球迈向平衡协调包容发展新阶段、迈向持久和平普遍安全的康庄大道贡献中国方案。中国将继续发挥负责任大国作用，弘扬全人类共同价值，努力落实全球发展倡议和全球安全倡议，为世界注入更多稳定性确定性，以中国智慧和中国方案为破解全球性问题注入新思想新理念，携手各国推动构建人类命运共同体走深走实。

发展自身造福世界的现代化之路*

* 作者林松添，中国人民对外友好协会会长。

在中国共产党坚强领导下，中国用几十年时间走完了发达国家几百年走过的工业化历程，创造了世所罕见的经济快速发展奇迹和社会长期稳定奇迹，成为维护世界和平稳定的中流砥柱和促进全球发展繁荣的中坚力量。随着我国综合国力和国际影响力提升，国际社会对中国发展走向的关注日益增多。很多人都想知道，中国将以什么样的方式实现现代化，实现国强民富、民族振兴。中国多次郑重宣示，将始终不渝走和平发展道路。习近平主席在多个场合指出，中国将始终做世界和平的建设者、全球发展的贡献者、国际秩序的维护者。无论国际形势如何变化，无论自身如何发展，中国走和平发展道路的决心和信念永不动摇。中国的现代化，必将是既发展自身又造福世界的现代化。

和平发展是中国共产党和中国人民根据自身历史和国情作出的选择

中华文明绵延5000多年，世代赓续，生生不息，始终保持旺盛生机与活力，为人类文明进步作出重要贡献。中华文明以和为贵、兼济天下、海纳百川，重视互学互鉴、兼收并蓄，致力于实现国泰民安、睦邻友好、天下太平的美好愿景，具有宏阔的视野、开放的胸襟。

2000多年前，中国人就开通了丝绸之路，推动东西方文明交流。600多年前，郑和率领当时世界最强大的船队七次远航太平洋和西印度洋，到访亚非30多个国家和地区，创造了世界航海史上的奇迹，却从未恃强凌弱，从未占领别国一寸土地，而是一路播撒和平友谊的种子，留下同沿途各国人民友好交往的佳话。

近代以后，由于封建统治的腐败，中国在世界发展潮流中落后了。在西方列强坚船利炮的进攻下，中国沦为半殖民地半封建社会，陷入了内忧外患、积贫积弱的黑暗境地。

中华民族历来爱好和平，但从不屈服于外来侵略和压迫。面对西方列强的野蛮行径，中国人民救亡图存的斗争从未停息。中国共产党成立后，团结带领中国人民为争取民族独立、人民解放进行了艰苦卓绝的斗争，建立了新中国。新中国的成立为维护世界和平、促进共同发展开辟了光明前景，对世界历史进程产生了深远的影响。

习近平总书记指出："一个民族最深沉的精神追求，一定要在其薪火相传的民族精神中来进行基因测序"[①]"中国人的血脉中没有称王称霸、穷兵黩武的基因。"[②] 经历了战乱频仍、山河破碎、民不聊生的深重苦难，中国人民深知和平的宝贵。走和平发展道路，既是传承中华优秀文化传统的必然结果，更是中国人民从近代以后苦难遭遇中得出的必然结论。

---

① 《习近平谈治国理政》第一卷，外文出版社 2018 年版，第 265 页。

② 《弘扬和平共处五项原则　建设合作共赢美好世界——在和平共处五项原则发表 60 周年纪念大会上的讲话》，人民出版社 2014 年版，第 12 页。

和平发展是中国现代化建设取得巨大成就的重要原因

20 世纪 70 年代末以来，中国牢牢把握和平与发展这一时代主题，顺势而为，开启改革开放的伟大进程。对内一心一意谋发展，不断深化改革，解放和发展生产力，致力于让全体人民都过上好日子。对外高举和平、发展、合作、共赢的旗帜，始终奉行独立自主的和平外交政策，坚持互利共赢的开放战略，积极参与并推动经济全球化，坚定维护国际关系基本准则，坚定维护世界公平正义，坚决反对霸权、霸凌和单边主义，在实现自身发展的同时，为维护世界和平稳定、促进共同发展不断作出新贡献。

经过长期不懈努力，我国已成为世界第二大经济体，对全球经济增长贡献率连续多年保持在 30% 左右。特别是党的十八大以来，在以习近平同志为核心的党中央坚强领导下，党和国家事业取得历史性成就、发生历史性变革。2020 年我国 GDP 超过 101 万亿元，我们如期完成脱贫攻坚目标任务，创造了举世瞩目的现代化建设新成就，为全面建成社会主义现代化强国奠定了坚实基础。

中国的现代化成就，是靠中国共产党带领中国人民立足自身、艰苦奋斗、接续拼搏得来的，也是中国走和平发展道路的硕果。新中国成立 70 多年来，中国从没有主动挑起过任何一场战争和冲突。中国在坚定维护世界和平中谋求自身发展，又以自身发展更好维护世界和平。中国坚持开展对外援助，支持和帮助广大发展中国家消除贫困，是联合国维和行动第二大出资国和派出维和人员最多的联合国常任理事国。中国日益走近世界舞台的中央，将为全人类和平与繁荣不断作出更大贡献。

中国仅用几十年时间就取得了现代化建设辉煌成就，一个重要原因就是牢牢把握和平与发展的时代主题，坚持走和平发展道路。历史发展有其规律，只有在历史前进的逻辑中前进，在时代发展的潮流中发展，才能把握历史主动。实现中华民族伟大复兴是中华民族最伟大的梦想。新中国成立后，中国人民掌握自身命运，开始建设自己的国家，求发展、谋富强的愿望更加强烈。今天，随着世界多极化、经济全球化、社会信息化、文化多样化深入发展，和平发展的大势不可逆转。中国要发展，需要和平稳定的国际环境，需要顺应潮流，抓住宝贵发展机遇。坚持和平发展，使中国与世界形成紧密的良性互动：融入世界、扩大开放，中国现代化建设加快推进；拥抱世界、促进合作，中国不断为世界和平与发展注入强大正能量。

中国走和平发展之路，致力于解决中国面临的历史课题和现实问题，既顺应了中华民族走向复兴的历史大势，又顺应了当今时代发展大势，符合中国国情、符合中国人民愿望。中国在加快自身发展的同时，也创造了人类现代化历史上的发展奇迹。

和平发展是全面建设社会主义现代化国家的必然选择

当前，百年变局和世纪疫情交织叠加，世界经济陷入低迷期，单边主义、保护主义抬头，国际局势乱与变交织，世界不稳定性不确定性明显增强。然而，和平、发展、合作、共赢的时代潮流没有变，各国人民对美好生活的向往更为迫切。

党的十八大后，面对“建设一个什么样的世界、如何建设这个世界”等关乎人类前途命运的重大问题，习近平总书记提出推动构建人类命运共同体，并提出构建新型国际关系、共建“一带一路”等。构建人类命运共同体思想，彰显中华优秀传统文化和全人类的共同价值追求，总结和发展中国多年走和平发展道路的经验和智慧，着眼于实现中国人民同世界人民合作共赢、共同发展的共同利益，集中反映了新时代中国坚定不移走和平发展道路的信念、决心和行动。

实现现代化是一场接力跑，中国已经跑出了一个好成绩，已迈上全面建设社会主义现代化国家新征程。习近平总书记强调：“中国走和平发展道路，不是权宜之计，更不是外交辞令，而是从历史、现实、未来的客观判断中得出的结论，是思想自信和实践自觉的有机统一。和平发展道路对中国有利、对世界有利，我们想不出有任何理由不坚持这条被实践证明是走得通的道路。”[①] 新征

① 《习近平在德国科尔伯基金会的演讲》，《人民日报》2014年3月30日。

程上，我们面对的是国内艰巨繁重的改革发展稳定任务，是外部环境深刻复杂变化带来的严峻风险挑战。“中国之治”的独特优势、“东升西降”的历史趋势都说明，时与势在中国一边，道义和人心在中国一边。走和平发展道路，我们有坚实的物质基础和社会基础，有坚定信心和强大底气。

继续走和平发展道路，关键在于把世界的机遇转变为中国的机遇，把中国的机遇转变为世界的机遇，在中国与世界各国良性互动、互利共赢中积极进取、开拓前行。根据我国发展阶段、环境、条件的变化，顺应百年变局的趋势演变，我们立足新发展阶段、贯彻新发展理念、构建新发展格局，集中精力办好自己的事，用高质量发展解决发展不平衡不充分仍然突出的问题，增强抓住和用好新机遇的能力和自觉。我们将继续秉持人类命运共同体理念，推动构建相互尊重、公平正义、合作共赢的新型国际关系，高质量共建“一带一路”，积极参与全球治理体系变革，同世界各国一起共同发展、合作共赢，以现代化建设新成就为世界带来更多机遇、作出更大贡献。

只有都走和平发展道路，各国才能共同发展，国与国才能和平相处。中国坚持走和平发展道路，也希望世界各国共同走和平发展道路。我们要广泛深入宣传中国坚持走和平发展道路的主张，引导国际社会正确认识和看待我国的发展。在这方面，民间外交具有独特优势、肩负重大使命。我国民间外交要充分发挥民间主体的丰富资源和独特优势，用听得懂、记得住、有感触的方式，讲好中国故事、中国共产党故事、中国特色社会主义故事、中国人民奋斗圆梦故事，让世界更加了解中国，更加客观理性、全面辩证地认识和看待中国发展道路、社会制度、价值理念和发展成就等，促进中外民相亲、心相通，为我国和平发展创造有利条件，为世界共同走和平发展道路奠定坚实基础。

中国式现代化
开启人类文明新形态 *

* 作者唐爱军，中共中央党校（国家行政学院）马克思主义学院意识形态研究所副所长。

“文明”是洞察中华民族的核心密码，也是理解中华民族伟大复兴之路即中国式现代化道路的核心密码。中国式现代化在中华民族发展史上、世界社会主义发展史上和人类社会发展史上都具有重大意义，它深刻影响人类文明进程，为探索人类文明新形态贡献着中国智慧和中国方案。中国式现代化的成功，在使得古老文明再度焕发青春、屹立在世界东方的同时，也在开启人类文明新形态。

1956 年，毛泽东在《纪念孙中山先生》一文中指出：“中国应当对于人类有较大的贡献。”[①] 中国给予人类的贡献，不仅仅是物质层面或其他什么层面的贡献，而且更是文明的贡献。近代以来，中国长久落后于时代，国家蒙辱、人民蒙难、文明蒙尘，中华民族遭受了前所未有的劫难。那时的中国根本无法言说“文明贡献”。自从中国共产党诞生，中华民族迎来了光明前景，尤其是改革开放以来，中国共产党成功开创中国特色社会主义道路，以一种崭新的姿态，日益走近世界舞台中央，其所开创的中国式现代化道路，正在开启人类文明新形态。习近平总书记在庆祝中国共产党成立 100 周年大会上自信地宣示：“我们坚持和发展中国特色社会主义，推动物质文明、政治文明、精神文明、社会文明、生态文明协调发展，创造了中国式现代化新道路，创造了人类文明新形态。”

---

① 《毛泽东文集》第七卷，人民出版社 1999 年版，第 157 页。

中国式现代化
作为一种人类文明新形态的基本性质

何为“中国式现代化”？一般可以界定为中国共产党领导的社会主义现代化道路。具体说来，它特指改革开放以来所开辟的中国特色社会主义道路。中国式现代化具有许多显著特征。它是人口规模巨大的现代化，是全体人民共同富裕的现代化，是物质文明和精神文明相协调的现代化，是人与自然和谐共生的现代化，是走和平发展道路的现代化。中国式现代化打破了“现代化 = 西方化”的神话，不仅开创了不同于西方资本主义现代化的新模式，而且克服了资本主义现代化固有的弊端，提供了现代化的全新选择，创造了新的现代化模式，为人类文明的未来发展提供了新形态。作为一种人类文明新形态，中国式现代化至少具有如下几种性质。

第一，中国式现代化不是以资本为原则，而是以人为本、以人民为中心的现代化，遵循了“彻底的人道主义”的文明逻辑。西方现代化是以资本为本，资本增值逻辑构成了资本主义生产的主导逻辑和根本目标。中国式现代化超越了资本主导劳动的逻辑，坚持劳动主体论，确立了以人民为中心，把解决人民日益增长的美好生活需要和不平衡不充分的发展之间的矛盾作为现代化发展的主线。以人为本、以人民为中心（而非以资本为本）构成了处理发展过程中一系列矛盾的最高原则。中国式现代化以“对人的本质的真正占有”为价值旨归，坚持把人的全面自由发展作为社会发展的最高目标。当然，中国式现代化在实践展开过程中，也不可能在所有方面都能立刻达及“彻底的人道主义”，其现实指向就是不断实现人民群众美好生活、扎实推动共同富裕。西方现代化完全以资本逻辑为导向、以市场经济为唯一动力机制，其必然会带来贫富分化。皮凯蒂在《21 世纪资本论》中，通过阐述资本的回报率总是高于工资的增长率，证明了贫富分化在当代的客观趋势。西方现代化不仅带来贫富分化，而且由此会演变为社会撕裂、阶级冲突。中国式现代化坚持以劳动者为本、实现共同富裕的生产逻辑，通过各种形式解决改革过程中的贫富差距问题，逐步实现共同富裕。

第二，中国式现代化不是单一的现代化模式，而是以人的现代化为中心的全面现代化，遵循了“整体性文明”的文明逻辑。西方现代化本质上是以物质现代化为核心的单一型文明形态。中国式现代化实现了从经济现代化到全面现代化、从物的现代化到人的现代化的跃进。根本说来，中国式现代化是以人的现代化为中心的全面现代化，其表现是“1+6+1”现代化系统：“1”指的是“人的现代化”；“6”指的是“各个领域的现代化”，包括经济现代化、政治现代化、文化现代化、社会现代化、生态文明现代化以及国防和军队现代化；第二个“1”指的是“治理现代化”，即国家治理体系和治理能力的现代化。作为一种全面现代化，中国式现代化是一个从生产力到生产关系、从经济基础到上层建筑的有机整体；以人的现代化为核心，其他各个方面的现代化都是为了人的全面发展提供支撑。作为一种全面现代化，中国式现代化体现为一种“整体性文明”形态：物质文明、政治文明、精神文明、社会文明、生态文明的“五位一体”。

第三，中国式现代化不是霸权主义和扩张主义，而是走和平发展道路的现代化，遵循了“和平主义”的文明逻辑。西方现代化是建立在“霸权逻辑”基础上的，走的是对内掠夺、对外殖民的扩张之路。中国式现代化作为人类文明新形态的核心要素就是：超越了“国强必霸”逻辑，呈现出和平主义的内在本质。中国式现代化的和平主义品质根源于：一是中华文明基因。中华文明基本性质是非扩张性的，主张和谐、和平的。比如，“和为贵”“和而不同”“内圣外王”“睦邻友邦”“天下大同”等都是和平主义理念的具体表现。二是社会主义逻辑。中国式现代化的和平主义性质，从根本上取决于社会主义制度。正如邓小平同志说过的，我们搞的是有中国特色的社会主义，是不断发展社会生产力的社会主义，是主张和平的社会主义。

中国式现代化的世界意义

之所以说，中国式现代化开启了人类文明新形态，就在于它具有世界意义。中国式现代化不仅对解决中国问题有效、意义非凡，而且对解决世界难题有效、意义非凡。中国式现代化的“新文明”意义，主要表现为三个方面：

第一，中国式现代化创造了不同于西方资本主义现代化的新模式。中国式现代化是一种社会主义现代化，它超越了资本主义现代化，打破了只有遵循资本主义现代化模式才能实现现代化的神话。中国式现代化道路的成功，宣告了“历史终结论”终结了，“社会主义失败论”失败了。

第二，中国式现代化为发展中国家实现现代化提供了全新选择。现代化不是单选题，而是多选题，各国由于历史条件不同，所选择的现代化道路也是不同的。从现代化的历史形态看，中国式现代化是发展中国家的现代化、后发国家的现代化。作为一种后发现代化类型，中国式现代化的普遍意义在于：拓展了发展中国家走向现代化的途径，给世界上那些既希望加快发展又希望保持自身独立性的国家和民族提供了全新选择，为解决人类问题贡献了中国智慧和中国方案。

第三，作为超大规模的现代化，中国式现代化深刻改变了世界面貌，为整个人类社会发展作出前所未有的贡献。到目前为止，全世界实现现代化的国家和地区总人口不过 10 亿左右，而中国式现代化是要实现 14 亿多人口的超大规模的现代化，其难度和困难可想而知。作为当今世界最大的发达国家，美国也不过 3 亿多人。中国式现代化的成功，将深刻改变世界格局，推动“东升西降”世界趋势的变化，带领超过所有发达国家人口总和的 14 亿多人口奔向现代化的康庄大道，必将创造人类历史的奇迹、人类文明发展的奇迹，将为整个世界摆脱贫困、走向现代化及引领人类文明发展方向作出不可磨灭的贡献。

《周易·大有》讲：“其德刚健而文明，应乎天而时行，是以元亨。”“文明”是洞察中华民族的核心密码，也是理解中华民族伟大复兴之路即中国式现代化道路的核心密码。中国式现代化的成功，在使得古老文明再度焕发青春、屹立在世界东方的同时，也在开启人类文明新形态。

顺应和平、发展、合作、共赢的时代潮流，坚定不移走和平发展道路*

* 作者佟德志，天津师范大学政治与行政学院院长。

实现现代化是世界上众多国家的追求，不同国家走向现代化的道路并不相同。中国用短短几十年时间走完了发达国家几百年走过的工业化历程，取得了举世瞩目的发展成就。在走向现代化的过程中，中国没有走西方国家的老路，而是选择了和平发展道路。

和平与发展是当今时代的主题，也是人类永恒的追求。中共中央总书记、国家主席习近平在2018年国际和平日纪念活动的贺信中强调："中华民族热爱和平，中国人民深知和平之可贵，中国坚定不移走和平发展道路。"中华传统文化中"以和为贵""和而不同""协和万邦""天人合一""天下太平"等理念，深深影响了中华儿女的思想和行为，孕育了热爱和平的民族秉性，培育了和平发展的民族基因。我国古代的"丝绸之路"既是一条贸易之路、文化之路，也是一条和平之路。

这样一个爱好和平的民族，却在近代以后饱受列强欺凌。即使这样，中国人民对于和平的信念也从未动摇，对战争带来的苦难有着刻骨铭心的记忆，对和平有着孜孜不倦的追求，十分珍惜和平安宁的生活。新中国成立后，中国人民拥有了建设自己国家、创造美好生活的和平环境，开启了现代化的伟大征程。中国应该走什么样的现代化道路？毛泽东同志提出，要"将我们现在这样一个经济上文化上落后的国家，建设成为一个工业化的具有高度现代文化程度的伟大的国家"[①]。改革开放新时期，邓小平同志提

---

①《毛泽东文集》第六卷，人民出版社1999年版，第350页。

出，要走出一条中国式的现代化道路。从党的十二大起，党的历次全国代表大会都对推进社会主义现代化建设作出战略部署。我国在对现代化道路的艰辛探索中，始终坚持独立自主的和平外交政策。进入新时代，习近平总书记强调，走和平发展道路，是我们党根据时代发展潮流和我国根本利益作出的战略抉择。回顾历史可以发现，中国决不会走历史上一些国家依靠侵略和扩张实现崛起的老路，而是坚定致力于探索一条以和平方式实现国家发展和民族复兴的新路。

我国走和平发展道路，是基于国情作出的现实选择。经过新中国成立 70 多年特别是改革开放 40 多年的发展，我国经济实力、科技实力、综合国力和人民生活水平不断迈上新的台阶，全面建成小康社会取得伟大历史性成就，社会主义中国以更加雄伟的身姿屹立于世界东方。与此同时，我国人口多、底子薄、发展不平衡不充分问题仍然突出，仍处于并将长期处于社会主义初级阶段这个最大国情和最大实际没有变，作为世界上最大发展中国家的国际地位没有变，发展仍然是我们党执政兴国的第一要务。还要看到，我国的现代化是人口规模巨大的现代化，比现在所有发达国家人口总和还要多的中国人民进入现代化行列，无论规模还是难度，都是世所罕见的。这就需要我们统筹中华民族伟大复兴战略全局和世界百年未有之大变局，立足基本国情，保持战略定力，付出艰苦努力，办好自己的事。这也要求我们统筹发展与安全，推动建设和平稳定的国际环境。所有这些因素，决定了我国的现代化必然走和平发展道路。

中国开创的社会主义现代化道路，为广大发展中国家实现现代化提供了有益经验。习近平总书记指出："世界潮流，浩浩荡荡，顺之则昌，逆之则亡。纵观世界历史，依靠武力对外侵略扩张最终都是要失败的。"[①] 当今世界正经历百年未有之大变局，新一轮科技革命和产业变革深入发展，国际力量对比深刻调整，和平与发展仍然是时代主题。同时，国际环境日趋复杂，不稳定性不确定性明显增强，国际经济政治格局复杂多变，世界进入动荡变革期。各国之间相互依存、相互联系日益紧密。顺应和平、发展、合作、共赢的时代潮流，中国积极倡导构建人类命运共同体，坚持相互尊重、平等协商，坚持走对话而不对抗、结伴而不结盟的新路，走出了一条通过合作共赢实现共同发展、和平发展的现代化道路，打破了"国强必霸"的大国崛起传统模式，提供了通向现代化的新的选择。中国充分发挥负责任大国作用，促进国际社会共同塑造更加公正合理的国际新秩序。我们明确表示欢迎各国搭乘中国发展的"顺风车"，为包括发展中国家在内的世界各国提供发展机遇。中国走和平发展的现代化道路，必将不断为世界和平与发展注入强大正能量。

---

① 《习近平谈治国理政》第一卷，外文出版社 2018 年版，第 248 页。

与世界共同繁荣发展 *

* 作者陈东晓，上海国际问题研究院院长。

今天的中国，已经开启全面建设社会主义现代化国家新征程。中国实现现代化的道路，是一条和平发展之路。互利共赢、共同发展，是这条道路的一个鲜明特征。中国不仅致力于实现自身发展，而且注重加强与各国合作共赢，携手为实现共同发展繁荣而努力。无论从人类现代化整体进程来看，还是从为当今世界破解难题、开辟光明发展前景来看，中国在实现现代化的道路上坚持与世界各国互利共赢、共同发展，都彰显出深远历史意义。

20 世纪后期，世界多极化、经济全球化、社会信息化、文化多样化深入发展，和平、发展、合作、共赢成为时代潮流，世界各国相互联系、相互依存的程度空前加深。广大发展中国家加快现代化建设步伐，现代化进程的深度、广度不断拓展。在现代化进程中，一些西方国家积累起巨大物质财富、生产力极大提升，而一些发展中国家和地区则长期贫困，南北发展鸿沟日益扩大。国际社会越来越多的有识之士认识到，失衡的发展不可能带来世界的长期繁荣稳定，会使人类的现代化进程遭遇诸多困境。习近平主席指出，一些国家越来越富裕，另一些国家长期贫穷落后，这样的局面是不可持续的。水涨船高，小河有水大河满，大家发展才能发展大家。

中国走和平发展的现代化道路，始终致力于促进世界互利共赢、共同发展。中国不仅希望自己过得好，还希望各国人民共同过上好日子。在公平、开放、合作等理念的指引下，中国坚持把本国利益与各国共同利益结合起来，努力扩大各方利益的汇合点，不断提升发展的内外联动性，在实现自身发展的同时更多惠及其他国家和人民。这样的现代化发展之路，采取的方式是和平的，秉承的理念是双赢、多赢、共赢，追求的结果是让发展机会更加均等、让发展成果惠及各方。这与以往一些国家以零和博弈思维垄断发展优势、甚至不惜以战争和扩张掠夺资源的现代化之路完全不同，为人类走向现代化探索出新的道路，为世界的可持续发展、永续发展提供了中国方案和中国智慧。

在现代化进程中，人类创造了以往时代无法比拟的辉煌文明成果，但也面临着日益增多的严峻挑战。同时，国家间相互依存程度不断增强，风险关联程度也不断加深，单凭一个或几个国家的力量，无法应对现代化进程中的种种问题。只有各国团结合作、权责共担，才能战胜风险、应对挑战，才能持续推进人类的现代化进程。中国在现代化过程中把握历史规律，顺应时代潮流，倡导加强国际合作，携手应对全球性挑战，共同商量解决国际事务，为破解当今世界难题、开辟人类现代化光明前景作出积极贡献。

一个时期以来，人类现代化进程遭遇狭隘民族主义、保护主义、霸权主义等逆风逆流，世界共同发展步伐遇到阻碍。为促进世界经济增长、推进全球治理体系变革，中国倡议和推动成立了亚洲基础设施投资银行、丝路基金、金砖国家新开发银行等一系列国际组织及合作机制，与国际货币基金组织、世界银行等多边机制相互补充、相互促进。当前，共建“一带一路”进入高质量发展阶段，成果共享效应日益明显，不仅促进沿线国家和地区的经济增长，形成了联动效应和正面外溢效应，更着眼开放、绿色、廉洁理念和高标准、惠民生、可持续目标促进国际合作取得重要进展。突如其来的新冠肺炎疫情，进一步凸显了全球经济治理体系的不适应性和不公平性。中国以更加建设性的姿态承担自身国际责任，推进二十国集团框架下的抗疫合作，维护发展中国家的公平发展权益，彰显了全球治理体系改革的正确方向。

大时代需要大格局，大格局需要大智慧。互利共赢、共同发展，是我们身处当今时代需要的大格局、大智慧。中国始终不渝坚持互利共赢、共同发展，保持战略定力，以自身发展为世界提供更多机遇，扩大与世界各国的交流交往，帮助和支持广大发展中国家获得更多发展资源和空间。与此同时，充分发挥负责任大国作用，秉承共商共建共享理念积极参与全球治理体系改革，创新多边经济与发展合作机制，夯实促进世界共同发展的制度基石。中国将在全面建设社会主义现代化国家新征程上，一如既往走和平发展道路，与世界共同发展、共同繁荣。

后　记

习近平总书记在庆祝中国共产党成立100周年大会上深刻指出，我们坚持和发展中国特色社会主义，推动物质文明、政治文明、精神文明、社会文明、生态文明协调发展，创造了中国式现代化新道路，创造了人类文明新形态。

现代化是一个包罗宏富、多层次、多阶段的历史过程。实现现代化是近代以来世界历史发展的大趋势。世界潮流浩浩荡荡，人类文明多姿多彩，西方现代化道路并非人类通向现代化的单一选择。中国式现代化新道路的成功实践，拓展了发展中国家走向现代化的途径，为广大发展中国家探索符合自己国情的现代化道路提供了经验和借鉴。

2021年，人民日报理论部组织国内权威专家学者就“中国式现代化”主题撰写了一系列文章，深入探讨了中国共产党领导下的中国式现代化进程、中国式现代化的内涵和时代要求等。将这些文章结集出版，便于广大党员干部和普通读者更加全面、更加深入地学习掌握习近平总书记对中国式现代化的重要论述。此外，本书还收录了一些学者在其他媒体发表的11篇文章，它们从不同角度诠释了中国式现代化道路的特征、内涵和规律，在出版社的协助下获得了作者的授权，在此表示真诚的谢意。

人民日报理论部

2021年8月15日